SPINOZA

ET

LE NATURALISME CONTEMPORAIN

DU MÊME AUTEUR :

LA PHILOSOPHIE DE LEIBNIZ. OUVRAGE COURONNÉ PAR L'INSTITUT (Académie des sciences morales et politiques), 1 vol. in-8°; Paris, Hachette, 1860.

LA NATURE HUMAINE. ESSAIS DE PSYCHOLOGIE APPLIQUÉE, OUVRAGE COURONNÉ PAR L'INSTITUT (Académie des sciences morales et politiques), 1 vol. in-8°; Paris, Didier, 1865.

LA PHILOSOPHIE DE SAINT AUGUSTIN. OUVRAGE COURONNÉ PAR L'INSTITUT (Académie des sciences morales et politiques), 2 vol. in-8°, 2ᵉ édit.; Paris, Didier, 1866.

LA PHILOSOPHIE DE BOSSUET, AVEC DES FRAGMENTS INÉDITS, 1 vol. in-8°, nouv. édit.; Paris, Ladrange, 1862.

TABLEAU DES PROGRÈS DE LA PENSÉE HUMAINE, DEPUIS THALÈS JUSQU'A LEIBNIZ, 1 vol. in-8°, 2ᵉ éd.; Paris, Didier, 1859.

EXPOSITION DE LA THÉORIE PLATONICIENNE DES IDÉES, 1 vol. in-18; Paris, Ladrange, 1858.

LES PÈRES DE L'ÉGLISE LATINE, 2 vol. in-12; Paris, Hachette, 1856.

LE CARDINAL P. DE BÉRULLE, 1 vol. in-12; Paris, Didier, 1856.

LE DIX-HUITIÈME SIÈCLE ET LA RÉVOLUTION FRANÇAISE, 1 vol. in-12; Paris, Douniol, 1862.

PORTRAITS ET ÉTUDES, AVEC DES FRAGMENTS INÉDITS, 1 vol. in-12, nouv. édit.; Paris, Didier, 1863.

MÉMOIRES LUS A L'INSTITUT

(ACADÉMIE DES SCIENCES MORALES ET POLITIQUES) :

UNE VISITE A HANOVRE, SEPTEMBRE 1860. MÉMOIRE SUR LES MANUSCRITS DE LEIBNIZ; Paris, Durand, 1861.

DES SOURCES DE LA PHILOSOPHIE DE BOSSUET; Paris, Durand, 1862.

Pour paraître prochainement :

LES SYSTÈMES, ESSAIS DE PSYCHOLOGIE CRITIQUE, OUVRAGE COURONNÉ PAR L'INSTITUT (Académie des sciences morales et politiques), 1 vol. in-8°.

SPINOZA

ET LE

NATURALISME CONTEMPORAIN

PAR

NOURRISSON

PARIS
LIBRAIRIE ACADÉMIQUE
DIDIER ET Cie, LIBRAIRES-ÉDITEURS
35, QUAI DES AUGUSTINS, 35

—

1866
Tous droits réservés.

PRÉFACE

—

Le lecteur trouvera dans les pages suivantes une étude sur la vie de Spinoza, ses doctrines, leur fortune diverse, leur actuelle influence.

Un examen scrupuleux des écrits du philosophe Hollandais, un fréquent usage de sa correspondance d'ordinaire trop négligée, surtout l'emploi de documents récemment publiés assureront, j'espère, à ce travail quelque intérêt, en lui donnant quelque nouveauté. On ne sera pas médiocrement surpris, par exemple, d'apprendre qu'à l'âge de vingt-quatre ans à peine, Spinoza, sans avoir imprimé une ligne, sans être prôné ni soutenu par aucun parti; que dis-je? au milieu des persécutions et malgré l'exil, était à la tête d'une école, et d'une école organisée, *collegium*. D'autres détails, ou ignorés, ou jusqu'à présent mal éclaircis, attireront aussi, je pense, l'attention. J'ose croire, en tout cas, que désormais il ne restera plus rien d'obscur de ce qui touche à l'histoire de la personne ou des ouvrages de Spinoza.

Néanmoins, et quoi qu'on pût ajouter à ce qu'on savait déjà de Spinoza et du Spinozisme, je ne serais pas revenu sur un tel sujet (1), si je ne m'étais persuadé qu'il n'y en a point d'un intérêt plus immédiat et plus général.

Présentement, en effet, qui l'ignore? la polémique courante consiste à rejeter comme autant d'illusions les croyances les plus saintes; à répudier comme autant de conceptions surannées les idées de causes finales, de providence, de spiritualité, d'immortalité. Et cependant on se flatte, au moment même où, par des négations paradoxales, on semble prendre à tâche d'abolir tout ce qui fait l'honneur et le bonheur de l'espèce humaine, on se flatte

---

(1) Voyez mon *Tableau des Progrès de la pensée humaine depuis Thalès jusqu'à Leibniz*; 1 vol. in-8°, 2ᵉ édit., Paris, Didier, 1859, p. 367; et mes *Portraits et Études*, 1 vol. in-12, nouv. édit., Paris, Didier, 1863, p. 440.

non pas simplement de respecter, mais de garantir, de développer la grandeur, la moralité, la félicité publiques.

Il est vrai que ces théories dissolvantes se réfutent comme d'elles-mêmes, soit par l'insurmontable dégoût qu'elles inspirent, soit par leur radicale inanité. Mais si le cœur les repousse invinciblement; si l'expérience la plus vulgaire ou la plus haute les condamne à chaque instant, au même titre que les proscrit la raison; elles n'en sont pas moins des maladies invétérées de l'esprit, qu'il appartient au philosophe et qu'il est de son devoir de signaler, lorsqu'elles reparaissent, afin d'en contenir ou d'en réprimer les ravages.

Or, critiquer les enseignements de Spinoza, c'est critiquer ces théories mêmes, qui ne sont toutes que des variétés du Spinozisme, et que l'on appellerait bien, en leur appliquant une dénomination commune, le naturalisme contemporain. Car toutes elles concluent à n'admettre d'autre réalité que la nature, c'est-à-dire d'autre réalité que l'univers des corps.

Je vois d'ailleurs, à combattre de la sorte le Spinozisme ou naturalisme contemporain, un double avantage.

D'un côté, je ne mêle pas ainsi aux calmes discussions de la science le fracas irritant des noms propres. De l'autre, au lieu d'avoir affaire à des disciples attardés, à des interprètes plus ou moins infidèles de Spinoza, c'est Spinoza lui-même, c'est le maître que j'interroge et contredis.

Jamais, je le répète, contradiction ne fut plus opportune.

Effectivement, tandis que l'Europe modifie de plus en plus ses institutions politiques en les modelant sur celles du Nouveau Monde, du pays par excellence de la liberté ; c'est, au contraire, chose singulière ! de l'antique Asie, de la terre classique de la servitude que paraissent aujourd'hui lui venir, en philosophie, ses inspirations. Oui, vous diriez que du fond de l'Orient s'élèvent pour envahir l'Europe, avec les miasmes empestés qui tuent les corps, de morbides influences de doctrine qui ne vont à rien moins qu'à empoisonner, qu'à tarir dans les âmes les sources mêmes de la vie.

Je hais les exagérations de toute sorte;

je déteste les rapprochements forcés. Mais est-il possible de méconnaître que la philosophie contemporaine, qui est naturalisme, et qui, se pliant aux besoins du siècle, affecte d'autant plus l'accent d'une philosophie religieuse qu'elle tend davantage à ruiner toute religion; est-il possible de méconnaître que cette philosophie présente de frappantes, d'étroites analogies avec le Bouddhisme, moins l'ascétisme qui prépare l'anéantissement ou le Nirvâna (1); avec le Bâbysme, moins l'héroïque folie qui pousse joyeusement les disciples du Bâb au martyre (2); avec le

---

(1) Voyez sur *le Bouddha et sa religion*, le savant ouvrage de M. Barthélemy Saint-Hilaire. Paris, 1860, in-8°. ch. IV et V.

(2) Consultez *les Religions et les Philosophies de l'Asie centrale*, par M. le comte de Gobineau. Paris, 1866, in-8°, ch. VI-XI, et notamment p. 301, *Supplice des Bâbys*.

Soufysme, moins sans doute le Ketmàn, ou la dissimulation systématique qui en déshonore les adeptes (1)?

« Tout phénomène est vide, enseigne le Bouddha; aucun phénomène n'a de substance propre. Toute substance est vide. Au dedans est le vide; au dehors est le vide.

« On vit (en 1852 à Téhéran) s'avancer les Bâbys entre les bourreaux, des enfants et des femmes, les chairs ouvertes sur tout le corps, avec des mèches allumées flambantes fichées dans les blessures. On traînait les victimes par des cordes et on les faisait marcher à coups de fouet. Enfants et femmes s'avançaient en chantant un verset qui dit : « En vérité, nous venons de Dieu et nous retournons à lui! »

(1) Le comte de Gobineau, *ouvrage cité*, p. 14. « Le possesseur de la vérité ne doit pas exposer sa personne, ses biens ou sa considération à l'aveuglement, à la folie, à la perversité de ceux qu'il a plu à Dieu de placer et de maintenir dans l'erreur. — Il faut donc considérer le silence comme utile. — Pourtant il est des cas où le silence ne suffit plus, où il peut passer pour un aveu. Non-seulement il faut alors renoncer sa véritable opinion, mais il est recommandé d'accumuler toutes les ruses pour que

La personnalité elle-même est sans substance. Tout composé est périssable ; et, comme l'éclair dans le ciel, il ne dure pas longtemps (1). »

« O lui ! écrit le Bâb dans le *Livre des Préceptes*, ô lui ! au nom de Dieu, le très-grand, le très-saint ! En vérité, nous sommes Dieu ! Il n'y a pas de Dieu, sinon nous, et, en vérité, il n'y a rien au dehors de moi, qui soit ma création. Dis : en vérité, ô ma création, tu es moi (2) ! »

l'adversaire prenne le change. On prononcera toutes les professions de foi qui peuvent lui plaire, on exécutera tous les rites que l'on reconnaît pour les plus vains, on faussera ses propres livres, on épuisera tous les moyens de tromper... C'est là ce que la philosophie Asiatique de tous les âges et de toutes les sectes connaît et pratique, et que l'on appelle le Ketmân. Le Soufysme pratique le Ketmân mieux qu'aucune autre secte. »

(1) Cf. M. Barth. Saint-Hilaire, *le Bouddha*, etc., p. 131.
(2) Le comte de Gobineau, *ouvrage cité*, p. 469, *Ketabè-Hukkam* (*Le Livre des Préceptes*), *La première Unité*.

De son côté, « sous les apparences d'un islamisme irréprochable, le Soufysme pousse le principe de l'unité de Dieu jusqu'au panthéisme le plus absolu, ne reconnaît d'être, d'existence qu'en Dieu, nie tout ce qui n'est pas Dieu, voit Dieu partout et en tout (1). »

Qu'on y songe et qu'on réponde ! Le fond du naturalisme ou Spinozisme contemporain n'est-il pas, pour peu qu'on se dégage des fantaisies orientales, et qu'on envisage les résultats ; n'est-il pas le fond même du Bouddhisme, du Bâbysme, du Soufysme, théologies et théogonies monstrueuses qui enveloppent des millions de

---

(1) Le comte de Gobineau, *ouvrage cité* p. 68, ch. IV. *Le Soufysme et la Philosophie.*

créatures humaines comme des ombres de la mort?

Spinoza, aussi bien, d'après des récits dignes de foi, n'obtient pas moins de crédit, à cette heure, chez les Asiatiques, que parmi nous (1).

Les Asiatiques ont raison ; Spinoza est un des leurs.

Quant à nous, sachons-le, nous laisser

---

(1) Le comte de Gobineau, *ouvrage cité,* p. 65. « J'ai été frappé d'un étonnement véritable le jour où l'un des docteurs Juifs de l'Asie centrale m'a parlé avec admiration de Spinoza et m'a demandé des éclaircissements sur la doctrine de Kant. » Et p. 139 : « Les deux hommes que les philosophes Persans de ma connaissance ont le plus grand soif de connaître, c'est Spinoza et Hégel; on le comprend sans peine. Ces deux esprits sont des esprits Asiatiques, et leurs théories touchent par tous les points aux doctrines connues et goûtées dans le pays du soleil. »

emporter au courant du Spinozisme, ce serait chose grave;

Hæ nugæ in seria ducent.

Ce serait rétrograder vers les ténèbres et tous les abaissements de l'Ancien Monde; ce serait déserter les voies glorieuses où s'avance le Nouveau Monde et que, tout en restant nous-mêmes, il nous faut virilement tenir.

29 juin 1866.

SPINOZA
ET
LE NATURALISME CONTEMPORAIN

I

A considérer de nos jours, notamment en France, la disposition des esprits, il semble que le temps présent se soit chargé de justifier la parole de Lessing, lorsqu'il affirmait « qu'il n'y a pas d'autre philosophie que la philosophie de Spinoza. » Après avoir été, de l'autre côté du Rhin, l'inspirateur direct de Fichte, de Schelling et de Hégel, qui procèdent de lui au moins autant que de Kant, l'auteur de l'*Ethique* est tout à coup devenu parmi nous le maître public ou secret de la pensée. Vainement, depuis et durant plus de quarante années, des mains habiles autant que savantes se sont-elles appliquées à remettre en lumière les trésors enfouis ou négligés de l'érudition philosophique. On dirait que ce mouvement historique, qui s'est produit d'ailleurs avec tant d'éclat, n'a fait que traverser les intelligences, sans les saisir. Ni Platon, ni Aristote, ni saint Augustin, ni saint Thomas, ni Descartes, ni Leibniz ne sont parvenus à reconquérir leur empire perdu. Les générations contemporaines ne témoignent guère pour ces grands noms qu'une superbe indifférence. A l'exemple du dix-huitième siècle, dont elles rappellent les mœurs intellectuelles et imitent les réactions, elles affectent de se dégager entièrement du passé, ou, s'il reste encore une tradition à laquelle elles se rattachent, c'est à Spinoza qu'elles paraissent vouloir appartenir. Ses déductions sont leur lumière ; sa croyance est leur foi ; ses formules sont leur symbole. Ceux qui s'estiment les plus hardis se bornent à répéter ses énigmes, ou affadissent ses enseignements en les accommodant au goût populaire. Bref, qu'on le sache ou qu'on l'ignore, qu'on se le dissimule ou qu'on se l'avoue, les maximes de Spinoza sont, à cette heure, l'âme des théories les plus en vogue et les plus bruyantes. C'est même plus qu'une doctrine que forment ces maximes; elles constituent une tendance. Au Voltairianisme a succédé le Spinozisme. Notre âge serait-il donc voué au Spinozisme sans retour? Le Spinozisme doit-il être à la fois pour nous cette philosophie de l'avenir et cette religion de l'avenir qu'appellent de leurs vœux ou prophétisent, en style apocalyptique, de jeunes et ardents lettrés ?

Nos certitudes et nos espérances, nos devoirs et nos droits, l'existence des sociétés et l'existence des individus; tout ce qui intéresse l'homme, son activité, sa raison, son cœur, sa destinée, aurait-il dans le Spinozisme son dernier mot? Ou bien la faveur dominante, inattendue, dont jouit parmi nous Spinoza, ne serait-elle qu'un engouement passager, une mode, une crise? Question intéressante assurément, plus que curieuse, tout actuelle, et à laquelle la récente publication d'un supplément aux œuvres de Spinoza, par un savant hollandais, M. J. Van Vloten (1), vient de donner une nouvelle opportunité.

(1) *Ad Benedicti de Spinoza opera quæ supersunt omnia supplementum. Continens tractatum hucusque ineditum de Deo et homine, tractatulum de iride, epistolas nonnullas ineditas, et ad eas vitamque philosophi collectanea. Cum philosophi chirographo ejusque imagine photographica, ex originali hospitis H. Van der Spijck.* Amstelodami, apud Fredericum Muller, 1862.

La vie de Spinoza a été écrite successivement par son ami le médecin Lucas de La Haye (1), le même qui publia : *l'Esprit de M. Spinoza, c'est-à-dire ce que croit la plus saine partie du monde* (2), et par le ministre luthérien Colerus (3). On peut ajouter aux renseignements consignés par ces deux biographes les détails que Sébastien Kortholt a insérés dans la préface de la deuxième édition du livre de son père,

(1) Amsterdam, 1719, in-8, dans les *Nouvelles littéraires*, t. X, p. 40-74.

(2) Cette pièce ayant été ajoutée à *La Vie de Spinoza*, le tout parut sous le titre de : *La Vie et l'Esprit de M. Benoit de Spinoza*, MDCCXIX, et avec cette épigraphe :

« Si, faute d'un pinceau fidelle,
Du fameux Spinoza l'on n'a pas peint les traits,
Sa sagesse étant immortelle,
Ses écrits ne mourront jamais. »

(3) *La Vie de B. de Spinosa tirée des écrits de ce fameux philosophe et du témoignage de plusieurs personnes dignes de foi, qui l'ont connu particulièrement*; suivie d *la Vérité de la Résurrection de Jésus-Christ défendue contre B. de Spinosa et ses sectateurs*; par Jean Colerus, ministre de l'Église luthérienne de La Haye. La Haye, 1706 : in-12.

Christian Kortholt, sur les trois grands imposteurs, *De tribus impostoribus magnis Liber* (1). D'autre part, l'ensemble des œuvres de Spinoza est bien connu. Paulus (2), Gfœrer (3), Bruder (4) en ont publié chacun des éditions estimables à divers titres. Enfin de Murr, et, après lui, M. Dorow, ont enrichi le texte du *Tractatus theologico-politicus* de notes marginales qu'avait laissées Spinoza, et qu'ils ont trouvées, de Murr sur un exemplaire que possédait J. Riewerts, libraire d'Amsterdam et premier éditeur de Spinoza (5); M. Dorow, sur un exemplaire appartenant à la bibliothèque de Kœnigs-

---

(1) Hambourg, 1701; in-4.
(2) Iéna, 1803; 2 vol. in-8.
(3) Corpus philosophorum, t. III: Stuttgard, 1830; 1 vol. in-8.
(4) Leipzig, 1843; 3 vol. in-18.
(5) *Benedicti de Spinoza Adnotationes ad Tractatum theologico-politicum. Ex autographo edidit ac præfatus est, addita notitia scriptorum philosophi. Christophorus Theophilus de Murr.* Hagæ-Comitum, 1802; in-4.

berg (1). Disons de suite maintenant ce que l'on doit à M. Van Vloten.

Nous ne possédons qu'un petit nombre de lettres écrites à Spinoza ou par Spinoza. Qui ne sait cependant quelles clartés projette une correspondance sur la vie et les pensées d'un philosophe? C'est là qu'il est permis de suivre une à une toutes les évolutions de son esprit; c'est là aussi que se posent dans l'intimité, sinon que se résolvent, les objections les plus délicates ou les plus décisives. Supprimez la correspondance de saint Augustin, de Descartes ou de Leibniz, et vous ôtez aux ouvrages de ces sublimes penseurs leur commentaire le plus sûr. D'un autre côté, quel prix infini n'auraient pas des lettres authentiques de Platon ou d'Aristote? Or M. Van Vloten a été assez heureux pour découvrir des lettres

(1) Wilhem Dorow. *Benedick Spinoza's Randglossen*, Berlin. 1835.

ou des fragments de lettres qui avaient, jusqu'à lui, échappé aux éditeurs de Spinoza. Il nous fournit de la sorte d'instructives informations, qui rectifient ou complètent la biographie de l'illustre méditatif, en même temps qu'il nous suggère de la doctrine Spinoziste une plus juste idée.

Ce n'est là toutefois que la partie accessoire de la publication de M. Van Vloten. Je ne mentionnerai même que pour mémoire qu'elle contient aussi un petit traité de *l'Iris* ou de *l'Arc-en-ciel* (1), que l'on croyait, sur la parole de Colerus (2), avoir été jeté au feu par Spinoza. Le morceau capital

---

(1) Van Vloten; *Supplementum*, p. 252. *Iridis computatio algebraica, ad majorem physicæ mathescosque connectionem.*

(2) *La Vie de Spinosa*, p. 131. « Je connais ici, à La Haye, des personnes distinguées qui ont vu et lu cet ouvrage; mais qui n'ont pas conseillé à Spinosa de le donner au public; ce qui, peut-être, lui fit de la peine, et le fit résoudre à jeter cet écrit au feu six mois avant sa mort, comme les gens du logis m'en ont informé. »

qu'elle renferme, et qui lui assure une valeur incontestable, n'est rien moins qu'une esquisse développée de l'*Ethique.*

Personne, en effet, n'ignore que l'*Ethique* est l'œuvre par excellence de Spinoza. C'est dans cette composition laborieuse qu'il a ramassé toutes ses forces, condensé toutes ses méditations, déposé l'expression totale de sa philosophie et de son génie. Elle résume tous ses travaux antérieurs, de même qu'elle prépare tous ceux qui ont pu suivre. Elle est comme le centre immobile d'où rayonne sa pensée.

Il y a plus. Publiée seulement après la mort de Spinoza, l'*Ethique* a occupé sa vie tout entière. Dès 1661, c'est-à-dire âgé de vingt-neuf ans à peine, il se montre en possession de l'idée-mère de cet écrit, auquel il ne met la dernière main qu'en 1675. Aussi, entre ces deux dates, ont dû se placer des essais, avoir lieu des tâtonnements, se succéder des rédactions qui ont été comme autant de degrés par où l'auteur a conduit son ouvrage à sa dernière forme.

Et déjà, en 1852, M. Bœhmer de Halle trouvait, sur un exemplaire de la vie de Spinoza par Colerus, et publiait l'esquisse d'un traité de Spinoza sur *Dieu, l'homme et la félicité de l'homme; B. de Spinoza Tractatus de Deo et homine ejusque felicitate*, qui ne peut être qu'une des ébauches de l'*Ethique*. C'est cette même esquisse que M. Van Vloten, plus favorisé encore par le sort, publie aujourd'hui à son tour, mais complète, dans son entier, tandis que M. Bœhmer n'avait guère été à même d'en reproduire que les principaux linéaments. Elle porte, cette fois, pour titre : *Court Traité de Dieu et de l'homme, et de la santé de l'homme; Tractatus brevis de Deo et homine ejusque valetudine*. Quoique l'*Ethique* ait été finalement écrite en latin, il

reste hors de doute qu'elle l'avait d'abord été
en flamand. Aussi bien, était-ce en flamand
qu'était rédigé le manuscrit retrouvé par
M. Van Vloten, et c'est lui-même qui a pris
soin, tout en conservant le texte primitif,
de le traduire en latin pour la commodité
des lecteurs.

On comprendra dès lors aisément l'intérêt que présente cette publication. C'est à
peine si je noterai qu'elle renferme un
chapitre *de Diabolis* (1), que signalent de
Murr (2) et Mylius dans sa *Bibliothèque
des anonymes* (3). Ce court morceau, que

---

(1) Van Vloten, Supplementum, p. 220. Tractatus brevis, etc., Caput vicesimum quintum: « De Diabolis utrum sint an non sint breviter jam dicemus. — Cum vero nulla detur necessitas Diabolos ponendi, quia causas odii, invidiæ, iracundiæ et ejusmodi passionum invenire possumus, uti facimus, neque ad illud ejusmodi fictionibus nobis opus sit, quare illos poneremus? »

(2) Adnotationes, p. 14. « Belgice primum scripta ab auctore Ethica. Exstare adhuc dicitur in exemplo *MS*. caput *de Diabolo*. Postea vertit Memnonista Jarrig Jellis. »

(3) *Bibliotheca anonymorum*, p. 94.

Spinoza a écarté de la rédaction définitive de l'*Ethique*, n'est qu'une démonstration sommaire, par les principes de sa philosophie, de l'impossibilité de l'existence des démons. L'importance de l'écrit découvert par M. Van Vloten tient donc à d'autres causes. En premier lieu, les conceptions de Spinoza s'y offrent dans toute leur spontanéité, et on y prend en quelque manière sur le fait cette pensée altière qui apparaît, dès le début, absolument telle au fond qu'elle sera plus tard. En second lieu, Spinoza y parle un langage sincèrement philosophique et humain; car il ne s'est pas encore assujetti à cette méthode géométrique, dont la fausse rigueur fatigue l'esprit sans le soutenir, et qui, appliquée indiscrètement à des sujets qui l'excluent, ne produit, en somme, qu'un tissu régulier d'illusions. Je laisse du reste aux curieux en ces sortes de matières la satisfaction de comparer avec le texte définitif de l'*Ethique* cette rédaction préparatoire. Ils auront sans doute plus d'une savante remarque à faire, plus d'un changement utile à constater dans les détails de l'exposition de Spinoza. Pour moi, tel n'est pas l'objet que je me propose.

Spinoza est un des saints de la philosophie, et, depuis Socrate, je ne crois pas qu'aucun philosophe ait été magnifié à ce point. Sa renommée est descendue jusqu'au menu peuple des penseurs : *Lippis et tonsoribus Spinozismus innotuit*, écrivait Brucker (1). Je voudrais ramener aux termes simples du vrai cet enthousiasme, et réduire, s'il est possible, cette enflure.

Spinoza a été maintes fois, notamment en France (2), étudié comme un puissant

---

(1) *Historia critica philosophiæ*; t. V, pars altera, p. 682.
(2) Citons notamment : Amand Saintes. — *Histoire de la vie et des ouvrages de B. de Spinoza, fondateur de l'exégèse et de la philosophie modernes.* Paris, 1842; in-8.
Jean Reynaud. — *Encyclopédie nouvelle*, article *Spinoza*.

fauteur du panthéisme moderne. De mon côté, je voudrais, aujourd'hui que nous possédons à peu près tous ses ouvrages, sinon toutes ses lettres et toutes les leçons de ses ouvrages; je voudrais, je ne dirai pas clore, mais reprendre cet examen, et, pénétrant le fond des idées du philosophe hollandais, en apprécier la portée.

En un mot, Spinoza s'est vu tour à tour

Victor Cousin. — *Cours de* 1829, leçons XI et XII. — Le même, *Fragments de philosophie moderne*, édit. de 1856; in-18, p. 57 et suiv.; et *Fragments de philosophie cartésienne*, 1845; in-12, p. 429 et suiv.

Théodore Jouffroy. — *Cours de droit naturel*, leçons VI et VII.

Damiron. — *Mémoire sur Spinoza et sa doctrine*, 1843, t. IV du Recueil de l'Académie des sciences morales et politiques.

Émile Saisset. — *Traduction des œuvres de Spinoza, avec une introduction critique*; nouvelle édition, 1861; 3 vol. in-12.

Bordas-Demoulin. — *Le Cartésianisme, ou la Véritable Rénovation des sciences*, 1843; 2 vol. in-8, t. I, p. 52.

Francisque Bouillier. — *Histoire de la philosophie cartésienne*, chap. XV-XIX; 1854; 2 vol. in-8.

oublié ou célébré, conspué ou exalté, traité comme « un chien mort, » suivant l'expression de Lessing, ou adoré comme un demidieu. Je voudrais, me rendant compte de ces jugements contraires, asseoir sur la valeur des doctrines Spinozistes une opinion certaine. L'étude de la vie d'un homme éclaire d'ailleurs ses desseins, de même que la connaissance de ses desseins devient la clef de ses écrits. C'est pourquoi ce ne sera point un hors-d'œuvre que de rappeler les principaux traits de l'existence de Spinoza.

II

Il y avait deux ans que Descartes jouissait à Amsterdam des loisirs de la solitude (1), lorsque, dans cette ville, le 24 novembre 1632, naquit, sur le Burgwal, près de la vieille Synagogue Portugaise, Baruch de Spinoza ou Despinoza, qui plus tard changea son prénom en celui de Benoît. Sa famille appartenait aux Juifs Portugais qui, chassés de leur patrie par un fanatisme

(1) Voyez la charmante lettre de Descartes à Balzac, en date du 15 mai 1631, dans laquelle Descartes convie Balzac, « puisque Dieu lui a inspiré de quitter le monde, » de choisir Amsterdam pour retraite, et de préférer cette ville non pas seulement « à tous les couvents des Capucins et des Chartreux, mais aussi à toutes les plus belles demeures de France et d'Italie. » Lettre CII du t. 1.

avide et impolitique, étaient venus demander à la Hollande un asile. La précocité de son esprit, et peut-être aussi la médiocrité de leur fortune, décidèrent sans doute la détermination que ses parents prirent à son endroit. Adonnés au négoce et n'ayant d'autres enfants que deux filles, appelées Rebecca et Mirian, ils destinèrent Spinoza au rabbinage et l'envoyèrent aux écoles.

Il n'est pas indifférent de savoir à quelle discipline Spinoza y fut soumis. Or c'est ce que nous permet de connaître exactement l'extrait d'un savant livre hébreu, publié à Amsterdam en 1680. « Dans le voisinage de la Synagogue, écrit l'auteur, est située la maison d'école, qui a six classes. Chaque classe a son maître particulier. Dans la première, les enfants apprennent à lire l'hébreu, tandis que dans la seconde on parcourt les cinq livres de Moïse et l'on commence à apprendre des morceaux par cœur. Dans la troisième on fait des traductions de ces mêmes livres, ainsi que des commentaires de Raschi. Les livres historiques et prophétiques sont lus dans la quatrième, d'après leur ordre dans la Bible : ici un garçon doit lire, à haute voix, verset par verset, et le traduire immédiatement, ce que les autres écoutent faire ; on y exerce aussi la mémoire. On initie dans la cinquième les enfants à la connaissance du Talmud, partie légale (*halacha*). Maintenant on ne doit plus parler que la langue hébraïque, et l'on traduit l'*halacha* dans la langue du pays. Puis on étudie une autre partie du Talmud (*gemara*). Aux approches des fêtes et aux jours de fête eux-mêmes, on lit et l'on explique le rituel. — De là, les écoliers passent à la sixième classe, que le premier rabbin préside. — Grammaire et lectures dans divers commentaires. On disserte en particulier sur les écrits de Maïmonide et autres dogmatistes, que l'on trouve dans la riche bibliothèque (1). »

Tel fut le régime d'études que suivit Spinoza. Son intelligence ouverte, son assiduité curieuse, sa vigueur de jugement lui

(1) Berthold Auerbach. — *Spinoza's Sammtliche Werke aus dem Latein Übersetzt mit dem Leben Spinoza's.* Stuttgard, 1841; in-8. — Il faut d'ailleurs se garder de confondre le Maïmonide orthodoxe du *Yad' hazakah (la Main forte)*, abrégé du Talmud, rédigé en hébreu, et le Maïmonide libre penseur du *Moré Nébouchim (le Guide des Égarés)*, interprétation critique des Écritures rédigée en arabe, mais traduite presque immédiatement en langue hébraïque par Samuel Ibn-Tibbon. Je tiens de M. Franck, le savant auteur de *la Kabbale* et vice-président du Consistoire israélite, que le régime d'études suivi par les jeunes Israélites est aujourd'hui exactement le même que du temps de Spinoza. Or, du temps de Spinoza, non plus qu'aujourd'hui, il n'était pas possible qu'on mît entre les mains des étudiants d'autres écrits que ceux de Maïmonide orthodoxe. Mais, à parcourir le *Tractatus theologico-politicus*, il est clair que Spinoza a connu les ouvrages de Maïmonide libre penseur ; et il devient indubitable qu'il les a connus de très-bonne heure, quand on remarque quelle est la base de l'excommunication prononcée contre lui dès 1656. Ce n'est point en effet d'athéisme qu'on l'accuse, mais d'hérésie ou d'hétérodoxie.

firent promptement une place exceptionnelle. Dès l'âge de quinze ans, il embarrassait ou étonnait ses maîtres, particulièrement le plus réputé d'entre eux, le rabbin Moses Morteira. Consulté à son tour par ses condisciples touchant les textes les plus scabreux ou les plus controversés des Écritures, il répondait à leurs doutes avec un mélange piquant de candeur et d'ironie. La Bible et le Talmud, la Kabbale et Maïmonide n'avaient pu contenter son exigeante rigueur. Et la lecture de Descartes, qui, de bonne heure, lui tomba entre les mains, ne fit que développer chez lui un inextinguible besoin d'originalité et d'évidence.

Dans de pareilles dispositions, il ne se pouvait pas que Spinoza restât attaché au rabbinage. Aussi cessa-t-il de fréquenter assidûment la Synagogue.

Ce fut, aux yeux de ses coreligionnaires, un scandale. Surpris d'abord par l'audacieuse fermeté de ce jeune esprit; troublés, mais charmés et fondant sur ses rares talents des espérances de secte, leur étonnement devint bientôt de l'irritation, pour se changer finalement en une haine implacable. Séductions et menaces, applaudissements et terreur, ils employèrent tous les moyens pour retenir Spinoza. Ni les offres de pension ni les violences ne leur réussirent. Dénoncé par ses condisciples, qui s'étaient efforcés de lui arracher, au moyen de questions insidieuses, des aveux compromettants, sollicité et harcelé par ses anciens maîtres, Spinoza repoussa l'argent avec dédain et ne se laissa point intimider, non pas même par les tentatives d'assassinat. Il continua ses méditations et poursuivit ses études, qui, à partir de ce moment, se tournèrent plus expressément de la théologie vers la physique. Ses amis, et il en comptait parmi les chrétiens, auprès desquels il chercha pour lors un refuge, sans songer néanmoins à embrasser leur foi; ses amis lui conseillèrent, en vue de ses nouveaux travaux, d'ajouter à la connaissance des langues qu'il possédait, c'est-à-dire de l'hébreu, de l'italien, de l'espagnol, de l'allemand, du flamand, du portugais, celle du grec et du latin. Il se mit donc, à cet effet, sous la direction d'un médecin, nommé François Van Den Ende, qui tenait école; homme bizarre, aventureux, entaché de la note infamante d'athéisme, et qui devait quelques années plus tard périr misérablement en France, où il fut pendu, à la suite de la ridicule conjuration du chevalier de Rohan (1). Van Den Ende se faisait aider

(1) Colerus. — *La Vie de Spinosa*, p. 11 et 13. Voyez aussi La Fare, *Mémoires sur Louis XIV*, 1716, in-8; et Leibniz, *Théodicée*, § 376. « Van den Ende, qui s'appelait aussi *A. Finibus*, alla demeurer à Paris et y tint des pensionnaires au faubourg Saint-Antoine. Il passait pour excellent dans la dialectique didactique, et il me dit quand je l'allai voir qu'il parierait que ses auditeurs

dans son enseignement par sa fille, nommée Claire-Marie. S'il fallait en croire des bruits que l'on s'est récemment avisé de convertir en roman (1), cette personne, aussi distinguée par son agrément que par son savoir, aurait produit sur Spinoza une impression profonde. « Il a souvent avoué, écrit Colerus, qu'il avait eu dessein de l'épouser. Ce n'est pas qu'elle fût des plus belles ni des mieux faites; mais elle avait beaucoup d'esprit, de capacité et d'enjouement, ce qui avait touché le cœur de Spinoza (2). » Malheureusement, le philosophe se serait vu évincer par un rival plus riche et plus heureux, appelé Kerckkrinck.

seraient toujours attentifs à ce qu'il dirait. Il avait aussi alors avec lui une jeune fille qui parlait latin et faisait des démonstrations de géométrie. Il s'était insinué auprès de M. Arnauld; et les Jésuites commençaient d'être jaloux de sa réputation. Mais il se perdit peu après, s'étant mêlé de la conspiration du chevalier de Rohan. »

(1) B. Auerbach. — *Spinoza.* 1858, Manheim, in-8.
(2) Colerus. — *Ouvrage cité*, p. 10.

Et à vrai dire, quand on lit la partie de l'*Ethique* où Spinoza traite des passions, il est impossible de ne pas constater que pour analyser, comme il le fait, toutes les émotions pénétrantes de l'amour, il a fallu qu'il les eût lui-même éprouvées (1). Toutefois, la date du mariage de Claire-Marie, qui, jeune encore, épousa effectivement Kerckkrinck,

(1) Voyez : *Ethices* pars III, Propos. XXI. « Qui id quod amat lætitia vel tristitia affectum imaginatur, lætitia etiam vel tristitia afficietur; et uterque hic affectus major aut minor exit in amante prout uterque major aut minor est in re amata. » — Propos. XXII. « Si aliquem imaginamur lætitia afficere rem, quam amamus, amore ergæ eum afficiemur. Si contra eumdem imaginamur tristitia eamdem afficere, e contra odio etiam contra ipsum afficiemur. » Propos. XXV. « Id omne de nobis deque re amata affirmare conamur, quod nos vel rem amatam lætitia afficere imaginamur; et contra id omne negare, quod nos vel rem amatam tristitia afficere imaginamur. » Propos. XXXI. « Si aliquem imaginamur amare vel cupere vel odio habere aliquid, quod ipsi amamus, cupimus vel odio habemus, eo ipso rem constantius amabimus, etc. Si autem id quod amamus eum aversari imaginamur, vel contra, tum animi fluctuationem patiemur. » Pro-

mais seulement en 1671, et après que celui-ci eut abjuré la religion luthérienne et embrassé le catholicisme (1), ne permet guère de supposer que Spinoza ait été supplanté (2).

Quoi qu'il en soit de cet épisode roma-

Pos. xxxii. « Si aliquem re aliqua, qua unus solus potiri potest, gaudere imaginamur, conabimur efficere, ne illa re potiatur. » Propos. xxxiii. « Quum rem nobis similem amamus, conamur, quantum possumus, efficere, ut nos contra amet. » Propos. xxxiv. « Quo majori affectu rem amatam erga nos affectam esse imaginamur, eo magis gloriabimur. » Propos. xxxv. « Si quis imaginatur rem amatam eodem vel arctiore vinculo amicitiæ, quo ipse eadem solus potiebatur, alium sibi jungere, odio erga ipsam rem amatam afficietur, et illi alteri invidebit. » Bruder, t. I, p. 287-296. Cf. *Id.*, p. 398, *Ethices* pars V, Propos. x.

(1) Cf. Colerus, *ouvrage cité*, p. 10.

(2) Cf. Van Vloten. — *Supplementum*, p. 289. « Quod ad historiolam illam de medici F. van den Ende filia attinet, notandum hancce, nomine suo Claram Mariam, anno domini 1671, ætatis 27, Diderico Kerckkrinck, ætatis 32 annorum, matrimonio junctam fuisse. Difficile igitur Kerckkrinckii rivalem Spinozam habere possumus, qui, puellam illam si unquam conjugem ducere cupierit, dudum antea eum hoc sibi proposuisse necesse est, quam cum Rhenoburgi vel Voorburgi, Hagæve Comitum degens de matrimonio ineundo cogitare omnino non potuit. »

nesque, qu'il fallait bien mentionner, la fréquentation de Van Den Ende n'était certainement pas de nature à remettre Spinoza dans les bonnes grâces des Juifs. Elle n'avait servi qu'à accroître l'odieux renom d'impiété qu'ils affectaient de faire peser sur lui. Enfin, en 1656, perdant, avec tout espoir de le ramener à eux, toute patience, ils le citèrent devant le Sanhédrin. Et, sur son refus de comparaître, ils prononcèrent en son absence, contre le déserteur de la Synagogue, par la bouche du vieux Chacham Abuabh, rabbin de grande réputation, la plus terrible de leurs excommunications, l'excommunication Schammata. M. Van Vloten a imprimé le texte de cette pièce (1),

(1) Van Vloten, *Supplementum*, p. 290. *Anathema quod edictum est de sanctuario die 6° mensis Ab contra Baruch de Espinoza.* « Debeo illud documentum, » ajoute M. Van Vloten, « humanissimæ liberalitati viri plurimum venerandi, J.-V. Raphael Jesschurun Cardozo Ecclesiæ Portugensis, quæ Amstelodami est, a secretis. »

que Colerus n'était point parvenu à se procurer (1). Baruch d'Espinoza y est déclaré, à cause de ses horribles hérésies, « *horribiles ejus hereses ab eo actas doctasque* », anathème, séparé, maudit, exécré. Défense est faite à tous de communiquer avec lui, soit de vive voix, soit par écrit; défense de lui subvenir en quoi que ce soit; défense d'habiter avec lui sous le même toit; défense de l'approcher de plus de quatre brasses; défense de lire aucun document composé ou écrit par lui (2).

(1) *La Vie de Spinosa*, p. 21. « J'ai sollicité inutilement les fils du vieux Chacham Abuabh, qui avait prononcé publiquement la sentence d'excommunication, de me communiquer cette sentence; ils s'en sont excusés sur ce qu'ils ne l'avaient pas trouvée parmi les papiers de leur père, quoiqu'il me fût aisé de voir qu'ils n'avaient pas envie de s'en dessaisir, ni de la communiquer à personne. »

(2) Van Vloten, *Supplementum*, p. 292. « Nemo cum alloqui possit oraliter, nemo per scriptum, nemo ei facere possit ullum favorem, nemo sub tecto cum illo stare, nemo quatuor distantibus ulnis, nemo documentum ullum legere ab eo factum vel scriptum. »

Malgré tout, l'hérétique, l'hétérodoxe, mais non pas encore l'athée Spinoza resta sans doute assez indifférent à une mesure que depuis longtemps il avait prévue. Il n'en crut pas moins devoir se justifier devant l'opinion, et publia, en espagnol, une apologie de sa conduite : *Apologia para justificar se de su abdicacion de la Sinagoga*. Surtout, il comprit que désormais sa situation resterait précaire et allait être livrée à tous les hasards. C'est pourquoi, dénué de patrimoine, il se décida à apprendre un métier qui subvînt à ses besoins. Aussi bien, cette résolution, que lui dictait la prudence, se conciliait avec les préceptes du Talmud, qui prescrit positivement de joindre à l'étude de la loi une profession ou quelque art mécanique, afin de s'en pouvoir aider à tout événement (1). Il choisit l'art de

---

(1) Colerus, *ouvrage cité*, p. 56.

polisseur de verres, et y devint en peu de temps si habile, que son indépendance se trouva pleinement assurée. La science de l'optique faisait d'ailleurs de lui un inventeur plus encore qu'un ouvrier. Disons qu'il s'était donné en outre un vrai talent de dessin, comme le témoignèrent les nombreuses esquisses qui se rencontrèrent après sa mort parmi ses papiers. On remarqua fort, entre autres, le crayon où il s'était représenté lui-même sous les traits de Mazaniello (1).

(1) Colerus, *ouvrage cité*, p. 59. « Après s'être perfectionné dans l'art de polir des verres, Spinoza s'attacha au dessin, qu'il apprit de lui-même, et il réussissait bien à tracer un portrait avec de l'encre ou du charbon. J'ai entre les mains un livre entier de semblables portraits, où l'on en trouve de plusieurs personnes distinguées qui lui étaient connues, ou qui avaient eu occasion de lui faire visite. Parmi ces portraits, je trouve à la quatrième feuille un pêcheur dessiné en chemise, avec un filet sur l'épaule droite, tout à fait semblable, pour l'attitude, au fameux chef des rebelles de Naples, Massaniello, comme il est représenté dans l'histoire et en taille-douce. A l'occasion de

Un avenir prochain prouva que les précautions de Spinoza n'avaient pas été vaines.

C'était peu en effet aux yeux des Juifs que de l'avoir exclu de leur communauté. Sa présence à Amsterdam leur restait un perpétuel objet d'inquiétude et de défi. Ils le dénoncèrent donc comme un homme insupportable aux bons citoyens, menaçant pour le repos public, et, à force d'importunités, parvinrent à arracher aux magistrats un ordre de bannissement temporaire.

Spinoza avait déjà pris son parti là-dessus, et, depuis quelque temps, s'était retiré à la campagne, entre Amsterdam et Ouderkerk, chez un de ses jeunes amis, Albert Burgh. Et en effet, les grandes haines ne

ce dessin, je ne dois pas omettre que le sieur Vander Spyck, chez qui Spinoza logeait lorsqu'il est mort, m'a assuré que ce crayon ou portrait ressemblait parfaitement bien à Spinoza, et que c'était, assurément, d'après lui-même qu'il l'avait tiré. »

vont pas sans les grandes amitiés. Dès cette époque, Spinoza se trouvait être une manière de personnage. Quoiqu'il n'eût rien publié, il comptait des sectateurs qui se nourrissaient de ses écrits. On peut même affirmer qu'en quittant Amsterdam il y laissait une école organisée, où l'on étudiait et commentait ses enseignements. C'est ce que prouve une lettre que lui adressait, en février 1663, un de ses plus affectionnés disciples, Simon de Vries.

« Très-respectable ami, lui écrivait-il, voici bien longtemps que je désire vous faire au moins une visite; mais je n'en ai pas eu le loisir, et un rigoureux hiver ne me l'a pas permis. Aussi déploré-je parfois mon sort, la distance qui nous sépare, l'éloignement où nous sommes l'un de l'autre. Heureux, très-heureux, votre compagnon de logis, qui, habitant sous le même toit, peut, au repas du matin, au repas du soir, à la promenade, s'entretenir avec vous des choses les plus excellentes! Il est vrai que, si nos corps sont séparés, vous êtes très-souvent présent à mon esprit, alors surtout que je lis et relis vos écrits. Cependant, comme tout n'y paraît point assez clair à ceux qui composent notre réunion (*collegis*), car nous avons de nouveau commencé à nous réunir, et que je crains que vous ne pensiez que je vous oublie, j'ai résolu de vous écrire cette lettre.

« Pour ce qui est de notre réunion (*collegium*), voici de quelle manière elle est établie. L'un d'entre nous (mais chacun à son tour) lit d'un bout à l'autre, explique selon qu'il les entend et ainsi démontre toutes choses en suivant la série et l'ordre de vos propositions; alors, s'il arrive que nous ne soyons pas capables de nous satisfaire les uns les autres, nous avons jugé qu'il importait de noter les difficultés et de vous écrire, afin que, s'il se pouvait, elles nous fussent éclaircies, et que sous vos auspices nous nous trouvions mis en état de défendre la vérité contre les superstitieux et les chrétiens, ou même de soutenir le choc du monde entier; *duce te contra superstitiose religiosos christianosque veritatem defendere, tum totius mundi impetum stare* (1). »

« Très-cher ami, répondait à de Vries Spinoza, j'ai reçu votre lettre si longtemps attendue ; je vous en rends mille grâces, de même que je vous remercie de votre affection pour moi; l'absence et l'éloignement ne m'ont pas moins été insupportables qu'à vous-même ; cependant je me réjouis de ce que mes élucubrations vous soient de quelque usage à vous et à nos amis. Car, de cette manière, absent je parle à des absents. Vous n'avez pas lieu d'ailleurs de porter envie à mon compagnon de logis ; personne ne m'est

---

(1) Van Vloten. *Supplementum*, p. 295, lettre inédite.

plus à charge et je n'ai à me garder de personne plus que de lui; c'est pourquoi je voudrais vous donner avis, à vous et à tous les nôtres, de ne point lui communiquer mes opinions, avant qu'il soit parvenu à un âge plus mûr. Il est encore trop enfant et montre trop peu de consistance, plus amoureux de la nouveauté que de la vérité. J'espère néanmoins que d'ici à peu il corrigera lui-même ces vices des premières années; bien plus, autant que j'en puis juger d'après ses qualités, j'en suis presque certain ; conséquemment, son naturel m'oblige à l'aimer.

« Quant à ce qui regarde les questions proposées dans votre réunion (laquelle me paraît assez bien organisée), je vois que les difficultés tiennent à ce que vous ne distinguez pas entre les divers genres de définitions (1). »

---

(1) Van Vloten. *Supplementum*, p. 297, lettre inédite.

C'est de Rhinburg, près de Leyde, où il s'était établi vers la fin de 1660, et où Burgh l'avait accompagné, qu'écrivait de la sorte Spinoza (1). Ce fut là aussi qu'il composa probablement pour ce jeune homme, dont la conversion à l'Église romaine lui causa plus tard un si amer déplaisir (2), son *Exposition géométrique des Principes de la philosophie par Descartes* (3). Un de ses amis, le médecin Louis Meyer, en éditant

---

(1) Van Vloten, *Supplementum*, p. 294. « Rhenoburgi philosophus admodum parvam habitavit domum, quæ et hodie ibidem exstat, inscriptione sua ex anno 1667 cognitu facilis. — Spinozæ nomen Rhenoburgi domus illius causa nondum in oblivionem ivit; via enim, ad quam sita est, et hodie interdum, *Spinoza laantjen* audit. »

(2) Cf. Bruder, t. II, p. 338-353; *Epistolæ* LXXIII et LXXIV.

(3) *Renati Des Cartes Principiorum philosophiæ pars I et II, more geometrico demonstratæ per Benedictum de Spinoza Amstelodamensem. Accesserunt ejusdem Cogitata metaphysica, in quibus difficiliores, quæ tam in parte Metaphysices generali, quam speciali occurrunt, quæstiones breviter explicantur.*

ce livre en 1663, à Amsterdam, chez Jean Riewerts, avait l'air, nonobstant beaucoup de restrictions, d'en présenter l'auteur comme un Cartésien ; ce qui, à cette époque, n'était point, en Hollande, une recommandation médiocre.

Toutefois, ce ne devait pas être à la faveur d'un crédit étranger que se propagerait l'influence de Spinoza. L'autorité propre de son nom s'affermissait chaque jour davantage, et le nombre de ceux qui, à défaut de ses écrits, recherchaient sa conversation, devenait de plus en plus considérable.

Aussi, et afin de répondre à l'empressement de ses sectateurs, après s'être transporté, en 1664, à Woorburg, à une lieue de La Haye, vint-il, vers la fin de 1669, se fixer à La Haye même, d'abord sur le Veerkaay, puis, en 1671, sur le Pavilioengragt. Il ne quitta plus cette ville que pour de courtes et rares excursions.

Les amis de Spinoza obtinrent encore davantage. En vain l'avaient-ils sollicité jusque-là de publier les résultats de ses études. Et parmi eux, nul ne s'était montré plus pressant que le Brêmois Henri Oldenbourg, qui mourut en 1678 ministre résident de la Basse-Saxe en Angleterre, où il contribua beaucoup à fonder la Société royale de Londres, dont il devint secrétaire.

« Courage, homme excellent, écrivait en 1662 Oldenbourg à Spinoza, qu'il avait eu occasion d'entretenir à Rhinburg (1); courage, rejetez toute crainte d'irriter les petits esprits de nos jours; assez longtemps on a sacrifié à l'ignorance et à la niaiserie; déployons les voiles de la vraie science et pénétrons plus avant qu'on n'a fait jusqu'à

---

(1) Cf. De Murr, *Adnotationes*, p. 18. « Inviserat Oldenburgius Spinozam in secessu Rhenoburgi, ubi de Deo, de Extensione, et Cogitatione infinita, etc., sermonem habebant. »

présent les derniers secrets de la nature.
Vous pourrez, je pense, imprimer chez vous
sans obstacle vos méditations, et vous ne
rencontrerez pas, de la part des savants, la
moindre opposition. Or, si vous avez les
savants pour patrons et pour fauteurs (ce
que j'ose vous promettre absolument),
pourquoi redouter un *mob* (*momum*) ignorant (1)? »

L'année suivante, et à diverses reprises,
ce sont de nouvelles instances.

« Permettez-moi, illustre et très-cher
ami, de vous demander si vous avez achevé
l'important travail dans lequel vous traitez
de l'origine des choses et de leur dépen-
dance de la première cause, comme aussi
de la réforme de notre entendement. Rien
à coup sûr ne pourrait être publié qui con-
vînt et agréât davantage aux hommes vrai-

---

(1) Bruder, t. II, p. 164, *Epistola* VII.

ment doctes et intelligents. C'est là ce que doit considérer un penseur de votre caractère et de votre esprit, plutôt que ce qui plaît aux théologiens de notre siècle, lesquels ont les mœurs de ce siècle et recherchent moins la vérité que leur bien-être. Je vous conjure donc, au nom de notre inviolable amitié, par tous les droits de la vérité qui veut être accrue et répandue, de ne pas nous envier ou refuser vos écrits sur ces matières (1). »

« ... Laissez-moi vous le dire; je ne puis supporter sans impatience que vous reteniez encore des écrits, que vous reconnaissez comme vôtres, et cela dans une république assez libre, pour qu'il vous y soit permis de penser ce que vous voulez et de dire ce que vous pensez. Je voudrais vous voir vous affranchir de tout ce qui vous re-

---

1, Bruder, t. II, p. 167, *Epistola* VIII. 3 April. 1663.

tient, alors surtout qu'en taisant votre nom il vous est facile de vous mettre en dehors de toute chance de péril (1). »

Et deux ans plus tard, en octobre 1665 :

« Pourquoi hésiter, mon ami? Que craignez-vous? Allons, osez, entreprenez, menez à fin cette importante campagne, et vous verrez que vous obtiendrez les applaudissements de tous ceux qui sont vraiment philosophes. J'ose vous en donner ma parole, ce que je ne ferais pas si je doutais de pouvoir la dégager. Je ne croirai jamais que vous méditiez quoi que ce soit contre l'existence et la providence de Dieu. Or, pourvu que l'on respecte ces bases, la religion reste solidement assise, et il est facile de défendre ou d'excuser des spéculations philosophiques, quelles qu'elles soient. Hâ-

---

(1) Bruder, t. II, p. 175, *Epistola* X. 31 *Julii* 1663.

tez-vous donc, et ne vous faites pas déchirer le manteau (1). »

Ce chaleureux et rassurant langage n'avait pu vaincre les appréhensions de Spinoza. Pendant près de six années, il s'était montré inébranlable à ces exhortations. Enfin, surmontant ses craintes, il céda.

A peine installé à La Haye, il lance, en 1670, son *Tractatus theologico-politicus*, qui retentit comme un coup de foudre. Il a eu beau garder l'anonyme; il a eu beau, pour dérouter la malveillance, assigner à l'édition un lieu supposé, Hambourg et non point Amsterdam (2). L'opinion ne s'y trompe pas. Amis et ennemis reconnaissent sa main. Les colères aussitôt redoublent, mais aussi l'admiration et l'enthousiasme.

(1) Bruder, t. II, p. 183, *Epistola* XIV.
(2) Le *Tractatus theologico-politicus* fut imprimé à Amsterdam, chez Chr. Conrad, imprimeur sur le canal de l'Eglantir.

Les premiers de l'Etat, un Jean de Witt, recherchent son commerce. La maison de son hôte, le peintre Henri Van der Spyck, se change en un lieu de pèlerinage, où accourent de tous côtés des esprits forts tels que d'Hénault (1), et des philosophes tels que Leibniz (2). Pas un étranger de marque

(1) Cf. Bayle, *Dictionnaire historique et critique*, article *Spinoza*. « M. d'Hénault était un homme d'esprit et d'érudition, aimant le plaisir avec raffinement, et débauché avec art et délicatesse; il se piquait d'athéisme. Il avait composé trois systèmes de la mortalité de l'âme, et avait fait le voyage de Hollande exprès pour voir Spinoza, qui cependant ne fit pas grand cas de son érudition. »

(2) « Le fameux Juif Spinoza, écrivait Leibniz, avait le teint olivâtre et quelque chose d'espagnol dans son visage; aussi était-il originaire de ce pays-là. Il était philosophe de profession et menait une vie tranquille et privée, passant sa vie à polir des verres, à faire des lunettes d'approche et des microscopes. Je lui écrivis une fois une lettre touchant l'optique, que l'on a insérée dans ses œuvres. » Dutens, *Leibnitii opera omnia*. t. VI, pars I, p. 329. *Leibnitiana*, CLXX.

Voyez dans Bruder, t. II, p. 299-302 cette lettre de Leibniz et la réponse de Spinoza, toutes deux à la date de 1671. *Epistolæ* LI et LII.

qui ne veuille lui être présenté. Les

L'année suivante, 1672, Leibniz écrivant à Thomasius, lui parle de Spinoza, comme « d'un Juif, chassé de la Synagogue, ἀποσυνάγωγος, à cause de ses opinions monstrueuses... Au reste, ajoute-t-il, c'est un homme d'une grande culture littéraire, et surtout un excellent opticien. » Dutens, t. IV, pars I, p. 34.

Plus tard, Leibniz voit Spinoza à La Haye et recherche sa conversation.

« Je vis M. de la Court (Van den Hoof, l'auteur du *Lucii Antistii Constantis de jure ecclesiasticorum liber singularis*, publié en 1665 et faussement attribué à Spinoza), aussi bien que Spinoza, à mon retour en France par l'Angleterre et la Hollande, et j'appris d'eux quelques bonnes anecdotes sur les affaires de ce temps-là. » *Théodicée*, § 375.

Enfin, Leibniz écrivait en 1677 à un de ses correspondants, à l'abbé Galloys : « Spinoza est mort cet hiver. Je l'ai vu en passant par la Hollande, et je lui ai parlé plusieurs fois et fort longtemps. Il a une étrange métaphysique, pleine de paradoxes.. » *Leibnizens matematische Schriften herausgegeben von Gerhardt, Erste Abtheilung*, Band I, p. 179. Berlin, 1850, in-8.

Leibniz avait donc vu Spinoza en 1676. Or, entre 1671 et 1676, M. Van Vloten, *Supplementum*, p. 316-318, nous révèle, dans deux lettres inédites, d'autres tentatives faites par l'impétueux et communicatif Leibniz pour nouer commerce avec le solitaire et précautionné Spinoza. Le texte femmes elles-mêmes briguent cette fa-

de ces deux lettres vaut bien la peine d'être, en partie du moins, rapporté.

C'est un affilié du Spinozisme, un membre du *Collége d'Amsterdam*, nommé Schaller, qui, en novembre 1675, écrivant au Maître, lui parle de Tschirnhause, un de leurs amis communs, pour lors résidant à Paris :

« Refert Tschirnhausius se Parisiis invenisse virum insigniter eruditum, inque variis scientiis versatissimum, ut et a vulgaribus theologiæ præjudiciis liberum, Leibniz appellatum, quocum familiaritatem contraxit intimam. — Concludit eum esse dignissimum cui scripta Domini, concessa prius venia, communicentur, cum credat quod authori magnum inde proveniet commodum, prout prolixe ostendere promittit, si Dominationi Tuæ id placuerit. — Idem ille Leibniz magni æstimat Tr. Theol. Polit., de cujus materia Domino, si meminerit, epistolam aliquando scripsit. »

Que répond le Maître, le défiant Spinoza?

« Lybnizium de quo scribit Tschirnhausius noster me per epistolas novisse credo, sed qua de causa in Galliam profectus sit, qui Francfurti consiliarius erat, nescio. Quantum ex ipsius epistolis conjicere potui, visus est mihi homo liberalis ingenii et in omni scientia versatus. Sed tamen ut tam cito ei mea scripta credam, inconsultum esse judico. Cuperem prius scire quid in Gallia agat, et judicium nostri Tschirnh. audire, postquam ipsum diutius frequentaverit, et ipsius mores intimos noverit. »

veur (1). La gloire a comme touché de ses rayons cet homme naguère fugitif et honni.

Nous n'avons pas la lettre où Leibniz aurait témoigné à Spinoza son estime pour les doctrines du *Tractatus theologico-politicus*. Et, à coup sûr, rien n'eût été plus curieux; car rien n'eût contredit davantage les sentiments avoués de Leibniz à l'endroit du Spinozisme.

Ainsi, pendant son séjour même à Paris, Leibniz communique à Arnauld un dialogue latin sur la prédestination et sur la grâce où il déclare s'être attaché à réfuter les théories de Hobbes et de Spinoza. C'est, évidemment, une allusion au *Tractatus theologico-politicus*, publié en 1670. (Cf. Guhrauer, *Leibnitz. Eine Biographie*. Breslau, 1846 : 2 vol. in-12.)

D'autre part, en 1677, à peine l'*Ethique* a-t-elle paru, qu'écrivant à Huygens : « Je voudrais savoir, lui dit Leibniz, si vous avez lu avec attention le livre de feu M. Spinoza. Il me semble que ses démonstrations prétendues ne sont pas des plus exactes. » *Christ. Hugenii aliorumque seculi* XVII *virorum celebrium exercitationes mathematicæ et philosophicæ*, edidit. F.-J. Uylenbroek, Hagæ Comitum, 1833; 2 vol. in-4.

Et ailleurs : « L'ouvrage posthume *De Deo* (l'Éthique) est si plein de manquements que je m'étonne. » Erdmann, *Leibnitii Opera philosophica omnia*, p. 168, *Préceptes pour avancer les sciences*.

(1) « D'abord M. de Spinoza ne fut visité que d'un petit nombre d'amis qui en usaient modérément; mais cet

« Sa vie cachée, écrit Bayle, n'empêchait pas le vol de son nom et de sa réputation (1). »

En 1673, il est mandé et se rend à Utrecht, où l'appelle Condé victorieux, Condé non moins avide de métaphysique que de gloire ou de galanterie. Mais il attend vainement et ne voit pas (2) le capitaine illustre, qui, au lendemain de Rocroy, avait présidé en Sorbonne aux thèses théologiques de Bossuet, et qui, à Chantilly, devait chercher dans les conversations de Malebranche la distraction de ses derniers jours. Reçu,

---

aimable lieu (La Haye) n'étant jamais sans voyageurs qui cherchent à voir ce qui mérite d'être vu, les plus intelligents d'entre eux, de quelle qualité qu'ils fussent, auraient cru perdre leur voyage s'ils n'avaient pas vu M. de Spinoza. » Lucas de La Haye, *Vie de Spinoza*.

(1) *Dictionnaire*, article Spinoza.

(2) Il est impossible, en effet, de s'arrêter aux commérages reproduits par le P. Niceron (*Mémoires*, t. XIII, p. 30-44), et d'après lesquels Condé aurait offert à Spinoza, et Spinoza refusé « bouche à cour, logement, mille écus de pension. »

en l'absence du prince, par le maréchal de Luxembourg. Spinoza se refuse d'ailleurs à solliciter une pension de Louis XIV, déclarant qu'il n'a rien à dédier au roi et qu'il est bon républicain. Il n'en est pas moins, à son retour, regardé comme un espion de la France et menacé par la populace de La Haye (1). Cependant, vers la même époque et sur sa réputation, le prince palatin Charles-Louis lui fait écrire par le docte Fabricius, qui lui offre, au nom de son maître, une chaire de philosophie à Heidelberg, et lui garantit, pourvu qu'il respecte la religion établie, la plus ample liberté de discussion, *cum amplissima libertate philosophandi* (2). Ces avances honorables ne le

---

(1) L'hôte de Spinoza, Van der Spyck, effrayé, fut même sur le point de le renvoyer de sa maison, dont il craignit un instant le pillage. Cf. Niceron, *Mémoires*, t. XIII, p. 30-44, et t. XX, p. 59.

(2) Bruder, t. II, p. 303, *Epistola* LIII. 16 *Febr.* 1673.

peuvent séduire, et il les décline avec politesse. Non-seulement il redoute les entre-mangeries et les tracasseries professorales, mais, pour être très-large, il n'estime pas que dans une chaire officielle la liberté d'examen doive être sans limites (1). Or il s'est irrévocablement résolu à ne s'arrêter qu'aux bornes mêmes de sa propre raison. Enfin, il ne saurait se laisser distraire des réflexions qui préoccupent son esprit et qu'il dépose lentement dans son fameux livre de l'*Ethique*. En 1675, il juge pourtant cette composition, à laquelle il travaille depuis 1663, assez avancée pour la livrer à la publicité.

Il est vrai que, cette fois encore, il éprouve de singulières hésitations. Et cette

---

(1) Bruder. t. II, p. 304, *Epistola* LIII. 30 *Martii* 1673. « Cogito me nescire quibus limitibus libertas ista philosophandi intercludi debeat, ne videar publice stabilitam religionem conturbare. »

fois, chose remarquable! ses amis mêmes semblent les partager. C'est ainsi qu'Oldenbourg, reprenant une correspondance, interrompue dix ans, le conjure, par la sincère affection qui les unit, de ne rien mettre dans son ouvrage qui puisse porter atteinte à la pratique de la religion et de la vertu. « Je vous en supplie, lui écrit-il en juillet 1675, aujourd'hui surtout qu'un siècle dégénéré et avili ne cherche rien plus avidement que des doctrines dont les conclusions semblent autoriser les vices qui le déshonorent. » — « Du reste, ajoute froidement Oldenbourg, je ne refuserai pas de recevoir quelques exemplaires du traité que vous m'annoncez. » Et Oldenbourg va même jusqu'à prévenir Spinoza qu'il ne sera point nécessaire de parler de ce détail et de dire qu'on lui ait fait tenir, à lui Oldenbourg, des livres de cette nature. « *Nec opus fuerit verba de eo facere, li-*

bros scilicet istiusmodi ad me fuisse transmissos (1). »

Ce ne sont plus, il s'en faut, chez Oldenbourg, les empressements du passé. C'est qu'en effet sa première attente n'a pas été remplie, et le *Tractatus theologico-politicus* qu'il connaît et qui l'a peu contenté (2) l'a

---

(1) Bruder, t. II, p. 192, *Epistola* XVIII.

(2) A l'époque même où Oldenbourg insistait le plus auprès de Spinoza pour obtenir de lui la publication de ses écrits, on voit d'après une lettre inédite donnée par M. Van Vloten, *Supplementum*, p. 300, qu'il n'était pas non plus sans quelque secrète inquiétude. « Video, écrit en 1665 Oldenbourg à Spinoza, te non tam philosophari quam, si ita loqui fas est, theologizare; de angelis quippe, prophetia, miraculis cogitata tua consignas; sed fortasse id agis philosophice : ut ut fuerit, certus sum opus esse te dignum et mihi imprimis desideratissimum. » Il s'agit évidemment ici du *Tractatus theologico-politicus*. Or la lecture de cet ouvrage ne fit point sur l'esprit d'Oldenbourg une impression favorable. Car, en juin 1675, Oldenbourg éprouvait le besoin d'atténuer auprès de Spinoza la sévérité du jugement qu'il avait porté sur ce livre. « Sententiam utique, dehinc re propius inspecta et perpensa, nimis immaturam fuisse nunc existimo. Quædam mihi videbantur tunc temporis vergere in fraudem religionis, dum eam ex eo pede me-

comme d'avance dégoûté de l'*Ethique*, qu'il ne connaît pas, mais qu'il désire moins qu'il ne la redoute.

Spinoza n'était pas homme à se laisser troubler par les scrupules de son ami. Il n'en conçoit pas moins, sous d'autres rapports, des appréhensions qui le retiennent.

« Je suis allé à Amsterdam, répond-il à Oldenbourg, avec le dessein de livrer à l'imprimeur le livre dont je vous avais écrit. Mais, dans ces entrefaites, le bruit se

tiebar, quam theologorum vulgus et receptæ confessionum formulæ (quæ nimium spirare videntur partium studia) suppeditant. At totum negotium intimius recogitanti multa occurrunt, quæ mihi persuasum sunt, te tantum abesse, ut quidquam in veræ religionis solidæve philosophiæ damnum moliaris, ut contra genuinum Christianæ religionis finem, nec non divinam fructuosæ philosophiæ sublimitatem et excellentiam commendare et stabilire allabores. » Bruder, t. II, p. 191, *Epistola* XVII. C'est craindre certainement beaucoup que de chercher à se rassurer ainsi.

répandait de tous côtés que j'avais sous presse un livre sur Dieu, où je m'efforçais de montrer qu'il n'y a pas de Dieu... Des théologiens (les auteurs mêmes peut-être de cette rumeur) en prirent occasion de se plaindre de moi au prince et aux magistrats. D'autre part, de sots Cartésiens, s'imaginant qu'on les considérait comme mes partisans, et voulant éloigner d'eux ce soupçon, ne cessaient et ne cessent encore de déverser en tout lieu le blâme sur mes opinions et sur mes ouvrages. J'ai donc résolu de différer ma publication et ne sais plus ce que je ferai... Cependant je vous rends de très-grandes grâces pour votre très-amical avertissement, dont je désirerais néanmoins plus ample explication, afin que je sache quels sont ces dogmes que vous croyez devoir ébranler la pratique de la vertu religieuse. Pour moi, en effet, tout ce que j'estime n'être point contraire à la raison me semble être aussi très-utile à la vertu (1). »

Ainsi, au moment même de remettre l'*Ethique* à l'imprimeur, Spinoza s'arrête. Il s'imagine entendre retentir de nouveau les clameurs mal apaisées qu'a suscitées le *Tractatus theologico-politicus*. L'*Ethique* ne paraîtra que par les soins de ses disciples, Louis Meyer et Jarrig Jellis, et l'année même de sa mort, en 1677. Effectivement, le 21 février de cette année, sans que ni lui ni ses hôtes s'attendissent à cette fin soudaine, il s'éteint tout à coup, à la suite d'une syncope, n'ayant auprès de lui que son ami, le médecin L. Meyer (2). Spinoza était âgé d'un peu plus de quarante-quatre ans. La photographie du philosophe, que M. Van Vloten a placée en tête de sa publication, répond assez bien au portrait qu'en a tracé son ami et biographe, Lucas de La Haye. « Spinoza,

(1) Bruder, t. II, p. 193, *Epistola* XIX. 1675.
(2) Cf. Colerus, *La Vie de Spinosa*, p. 161-171.

écrit Lucas, avait les traits du visage bien proportionnés, la peau fort brune, les cheveux noirs et frisés, les sourcils de la même couleur, les yeux petits, noirs et vifs, une physionomie assez agréable et l'air portugais (1). »

On a beaucoup vanté, comme si c'était une vertu rare chez les philosophes, la sobriété de Spinoza. Maladif dès sa première jeunesse, phthisique au dernier degré, comment le soin de sa santé ne lui eût-il pas imposé un régime sévère? N'admirons donc plus bassement qu'il ait vécu des jours entiers avec de la bière, du gruau et un peu de lait. Louons plutôt son désintéressement absolu. Car sa fière pauvreté refusa les richesses que le pressaient d'accepter ses amis (2) : sa sincé-

---

(1) Vie de Spinoza.
(2) Lucas, ouvrage cité. « M. de Spinoza eut l'avantage d'être connu de M. le pensionnaire de Witt, qui voulut

rité les honneurs, son patriotisme les pensions que lui offraient les princes. Estimons son juste prix ce reconnaissant attachement qui lui fit maudire les assassins des frères

apprendre de lui les mathématiques, et qui lui faisait souvent l'honneur de le consulter sur des matières importantes. Mais il avait si peu d'empressement pour les biens de la fortune, qu'après la mort de M. Witt, qui lui donnait une pension de deux cents florins, ayant montré le seing de son Mécène aux héritiers qui faisaient quelques difficultés de la lui continuer, il le leur mit entre les mains avec autant de tranquillité que s'il eût eu des fonds d'ailleurs. Cette manière désintéressée les ayant fait rentrer en eux-mêmes, ils lui accordèrent avec joie ce qu'ils venaient de lui refuser. » — « Un de ses amis intimes, Simon de Vries, homme aisé, lui voulant faire présent de deux mille florins, pour le mettre en état de vivre plus commodément, il les refusa. — Le même ami, n'ayant ni femme ni enfant, avait dessein de l'instituer son légataire universel. Il lui en parla et voulut l'engager d'y consentir; mais, bien loin d'y donner les mains, M. de Spinoza lui représenta si vivement qu'il agirait contre l'équité et la nature si, au préjudice d'un propre frère, il disposait de sa succession en faveur d'un étranger, quelque amitié qu'il eût pour lui, que son ami, se rendant à ses sages remontrances, laissa tout son bien à celui qui en devait naturellement être l'héritier, à condition toutefois qu'il de Witt (1). Enfin respectons cette droite nature qui, sans déguisement, sans tempérament, sans détour, osa virilement affirmer ses convictions. « Spinoza, écrivait Voltaire, ne fait pas sa profession de foi pour éblouir les hommes, pour apaiser les théologiens, pour se donner des protecteurs, pour désarmer un parti; il pense en philosophe, sans se nommer, sans s'afficher; il s'exprime en latin pour être entendu d'un très-petit nombre (2). »

Pour moi, je l'avouerai; sans incliner à la fantaisie, je comprends parfaitement que l'on s'arrête avec un regard ému à la con-

---

ferait une pension de cinq cents florins à notre philosophe. M. de Spinoza trouva cette pension trop forte et la fit réduire à trois cents florins. »

(1) Lucas, *ouvrage cité*. « M. de Spinoza versa des larmes lorsqu'il vit ses concitoyens déchirer, dans M. de Witt, leur père commun. »

(2) *Dictionnaire philosophique*, article *Dieu. Dieux*; section III. *Examen de Spinoza.*

sidération de Spinoza. En effet, tandis que sa doctrine rebute, sa personne est attachante, et il n'y a pas jusqu'au pays auquel il appartient qui ne doive éveiller les sympathies de tous ceux qui pensent.

Ce n'est rien que de lire des descriptions de la Hollande. Elle est à nos portes; il la faut visiter, et en parcourant ses routes ou ses canaux, oublier un peu son présent, pour se souvenir de son passé. Cette terre a été véritablement, en tous sens, une des plus magnifiques conquêtes de l'activité humaine, comme un de ses plus splendides théâtres. — Elle était submergée; l'homme l'a arrachée à la fureur des eaux et entourée d'une ceinture indestructible de digues. — Elle était stérile, l'homme a changé ses marais et ses lacs en fertiles pâturages. — Elle était pauvre; l'homme l'a enrichie de tous les trésors de l'Orient. — Elle était tributaire; ses habitants l'ont affranchie, et ce petit pays, rendu libre, est devenu non-seulement contre tous les despotismes un asile, mais un foyer d'où la liberté s'est répandue à travers le monde.

C'était bien là que pouvait naître un méditatif tel que Spinoza. C'est là qu'il est né et là aussi qu'il a vécu. Or, cherchez dans cette vie, vous n'y découvrirez pas une tache. Exemple mémorable! Le caractère y va constamment de pair avec le génie. Spinoza meurt l'âme haute, l'esprit serein, la conscience inviolablement préservée de toutes les souillures qu'entraîne trop souvent avec soi le torrent fangeux de l'existence humaine. Je le demande, Spinoza n'est-il pas réellement un philosophe?

Ajoutons que si le bonheur consiste, comme on l'a dit, à savoir se tenir dans une chambre, Spinoza fut un homme heureux. Comment, en effet, exprimer la quiétude de ce solitaire, retiré et comme enseveli dans ce quartier silencieux où coulent languissamment les eaux saumâtres du Spuy? Ni les frais et séculaires ombrages qui environnent La Haye ne l'attirent, ni le spectacle grandiose de la mer qui gronde aux portes de cette ville enchantée. Indifférent aux éclatantes beautés de la nature non moins qu'aux agitations des hommes, plongé dans la méditation, il passe des mois entiers sans sortir du logis. Et là, occupé tout le jour à polir des verres, tandis que ses mains accomplissent leur labeur accoutumé, il ne cesse de rouler dans son esprit de sublimes et confuses idées. Entendre parfois le prêche du pasteur voisin, converser avec ses hôtes, se jouer avec leurs enfants, fumer une pipe de tabac, considérer des araignées aux prises avec des mouches, étudier au microscope la structure des insectes, voilà quelles sont ses seules et innocentes récréations. — Comment surtout peindre ses ravissements, lorsque, dans le calme des nuits et durant des veilles prolongées que rien ne trouble, le vol de sa pensée l'emporte loin de la région des phénomènes, au sein de la substance qui est l'être? Je ne sache de comparable à Spinoza que Jacob Bœhme, le mystique cordonnier de Gœrlitz, l'auteur illuminé de l'*Aurore naissante* et des *Trois Principes*. Mais je ne puis m'empêcher aussi, en parlant de Benoît Spinoza, de songer par contraste à Blaise Pascal. Tous les deux mourant à la fleur de l'âge, tous les deux uniquement dévoués au vrai, tous les deux géomètres et mettant au service de leurs croyances la géométrie, ces deux jeunes hommes finissent avec une incomparable douceur. Cependant, sans parler des disparates de leurs natures, l'une précautionnée autant que l'autre est impétueuse; ni de la diversité de leurs talents, l'un si purement logique, l'autre si littéraire, dans leur fin même, quelle différence! Chez Spinoza, c'est l'abolition de la conscience, et parmi la dissolution de la machine qui subitement se détraque, l'évanouissement de ce qu'on appelle l'âme, et sa dissipation dans ce qu'on appelle le grand tout. Espérance, amour, bonheur sont, dès lors, des termes vides de sens. Tout est consommé, et l'individu qui a disparu, qu'est-il autre chose que la molécule distincte un instant à la surface de l'insondable abîme? Chez Pascal, c'est la permanence de la personne, vivant de sa propre vie, soutenue par des certitudes, confiante en la miséricorde du Très-Haut, franchissant avec allégresse le passage qui donne accès aux divines régions de la vérité, de la beauté et de la vertu. S'il est impossible, en un sujet semblable, de s'exprimer autrement que par des images, qui ne préférerait aux images naturalistes, que nous suggère Spinoza, les images humaines que nous offre Pascal? Ou faut-il que la panique de l'anthropomorphisme nous fasse décliner ce qui convient à l'homme, pour accepter ce qui ne convient qu'à l'animal, à la plante, à la pierre ou au flot?

Il y a d'ailleurs chez Spinoza deux traits de caractère qu'on me paraît d'ordinaire trop oublier : c'est sa prudence et c'est son orgueil. Les Épicuriens voulaient que leur sage, au lieu de dédoubler, de multiplier son être, de le répandre sur toutes choses, de le rendre vulnérable en quelque façon par tout l'univers, se resserrât, se repliât en soi-même, se réduisît, autant que possible, à l'état d'un atome ignoré, noyé dans l'immensité du vide. Par nécessité autant que par inclination, c'est le type qu'a réalisé Spinoza. *Caute* est sa devise. D'autre part, à la prudence de l'Épicurien s'allie chez Spinoza l'orgueil du stoïcien. Il mena une vie fort retirée, cela est incontestable ; il était d'une humeur commode, j'en crois sur parole ceux qui l'ont approché; il ne consentit point, par précaution, mais aussi par haine de l'esprit de secte, à mettre son nom à ses ouvrages, le fait est certain (1). Mais quelle imperturbable confiance en soi-même! Quel violent mépris de toute tradition! Quel large dédain du sens commun! Ni Platon, ni Aristote, ni Socrate ne lui sont de rien (2). Les doctrines de Descartes et de Bacon lui semblent grosses d'erreurs (3). En définitive, quoiqu'il déclare ne point oublier qu'il

(1) Bruder. t. I, p. 151, *Ex præfatione editoris B. D. S. operum posthumorum*. « Paulo ante obitum auctor expresse petiit, ne nomen suum Ethicæ, cujus impressionem mandabat, præfigeretur. Cur autem prohibuerit, nulla alia, ut quidem videtur, ratio est, quam quia noluit ut disciplina ex ipso haberet vocabulum. »

(2) *Id.*, t. II, p. 321, *Epistola* LX. 1674. « Non multum apud me auctoritas Platonis, Aristotelis ac Socratis valet. »

(3) *Id., ibid.*, p. 146. *Epistola* II. Oldenburgio. Sept.

est homme et ainsi sujet à se tromper (1), il prétend ne relever que de lui-même. Son esprit n'est-il pas une des expressions de l'infaillible esprit ?

Aussi bien, ce dernier trait de caractère se réfléchit pleinement dans le dessein que Spinoza s'est proposé, et dont il importe de pénétrer le fond. Ce sera tout ensemble déterminer les sources de sa philosophie.

1671. « Petis a me quosnam errores in Cartesii et Baconis philosophia observem :

Primus et maximus est, quod tam longe a cognitione primæ causæ et originis omnium rerum aberrarint; 2° quod veram naturam humanæ mentis non cognoverint; 3° quod veram causam erroris nunquam assecuti sint. »

(1) Bruder, t. III, p. 271, *Tractatus theologico-politicus*, cap. xx, 47. « Scio me hominem esse et errare potuisse, ne autem errarem seculo curavi, et apprime, ut quidquid scriberem, legibus patriæ, pietati bonisque moribus omnino responderet. »

III

De même que Bruno, Vanini, Campanella, sans esprit d'aventure, il est vrai, et sans tragique dénoûment, mais avec la force de l'opiniâtreté et tous les calculs de la prudence, Spinoza est essentiellement un révolutionnaire. Élevé dans les idées du rabbinage, il en prend de très-bonne heure en dégoût l'obscurité. Et son dédain pour le Talmud s'étend bientôt à la Bible, puis de la Bible au Nouveau Testament. Les Livres Saints finissent de la sorte par n'avoir plus sur lui aucun empire. Rebelle à l'autorité intrinsèque des textes, il repousse du même coup l'autorité extérieure qui les représente et qui les défend. Séparé des Juifs, s'il se mêle aux Memnonites et aux personnes les plus éclairées des autres sectes chrétiennes, il ne devient pas chrétien et reste étranger au catholicisme aussi bien qu'aux sectes protestantes qui se déchirent tristement sous ses yeux. Spinoza se fait libre penseur.

Spinoza, d'autre part, n'est point un sceptique. Loin de nier et de négliger le vrai, il l'aime, il le désire, et la recherche du vrai ne doit cesser d'être son unique affaire. Car, tandis que la plupart des hommes placent le souverain bien dans les richesses, les honneurs ou la volupté, c'est dans l'acquisition et la possession de la vérité qu'il fait consister l'inaltérable et suprême joie (1). Conséquemment, il ne répudie les enseignements de la théologie que pour s'appliquer tout entier à la physique et à la philo-

(1) Bruder, t. II, p. 7, *De Intellectus Emendatione* : I. *De bonis quae homines plerumque appetunt.*

sophie, c'est-à-dire à l'étude du monde des esprits et du monde des corps. En outre, non-seulement ce n'est qu'à la raison qu'il veut demander ses moyens d'information, mais il compte uniquement sur les lumières de sa propre raison.

De là, chez Spinoza, deux constantes visées qui expliquent toute sa vie intellectuelle, et qui sont comme le but de tous ses ouvrages. Il se propose, premièrement, de ramener à un sens purement humain le texte des Écritures, revendiquant, à l'encontre de l'autorité ecclésiastique, quelle qu'elle soit, une liberté entière de conviction. Et il apporte, à exécuter ce dessein, l'âpre ardeur d'un homme qui a souffert persécution. Il ira même, s'il le faut, sans trop s'apercevoir qu'il renverse d'une main ce qu'il tâche d'édifier de l'autre, jusqu'à soumettre le pouvoir ecclésiastique au pouvoir civil. Car n'est-ce pas là, malgré d'inconséquentes réserves, aliéner cette liberté de conscience qui lui tient tant à cœur? L'érudition devient ici son arme favorite.

Il se propose, secondement, de ramener à un système et de définir par d'immuables formules tout ce que l'intelligence humaine peut savoir de Dieu, de l'homme et des pratiques qui importent à l'homme. A la partie destructive, *pars destruens*, succède et correspond la partie de son entreprise où il s'occupe de construire, *pars œdificans*. Et cette construction sera l'œuvre perpétuelle de ses jours et de ses nuits. Sans se lasser, avec la ténacité que donne une foi superbe et agissante, il remplace les essais par les essais, jusqu'à ce que peu à peu, et d'ébauche en ébauche, il parvienne à une rédaction qu'il considère comme une prise de possession pour toujours, κτῆμα εἰς ἀεί.

Ici, la déduction abstraite finit par être son procédé unique; il ne tend à rien moins qu'aux démonstrations irréfragables de la géométrie, *more geometrico*. Observer les faits de la nature humaine, en pratiquant la méthode Baconienne, *modo illo quo Verulamius docet*, ne conduirait, suivant lui, qu'à rédiger quelque historiette de l'âme, *mentis sive perceptionum historiolam* (1); et s'il traite des passions, c'est comme on parle des lignes, des plans et des solides qu'il en veut disserter (2).

Ainsi, en haine de toute autorité ecclésiastique, ruiner, s'il le peut, avec le crédit des Écritures, toute religion révélée ; remplacer ensuite les dogmes par les enseignements de sa philosophie, que son orgueil ingénu prend pour la philosophie : telle est l'entreprise polémique et dogmatique, que forme Spinoza. Ses écrits ont tous pour objet de la réaliser.

Effectivement, d'un côté l'*Apologie*, le

---

(1) Bruder, t. II, p. 270, *Epistola* XLII. 10 *Iun.* 1666.
(2) *Id.*, t. I, p. 271, *Ethices*, pars III, *Præfatio*.

Tractatus theologico-politicus, le petit traité de l'*Iris*, une traduction en flamand du *Pentateuque*, un abrégé de grammaire Hébraïque, *Compendium grammatices linguæ Hebrææ*, sont, du moins par l'intention, des ouvrages de polémique. De l'autre, le *De Deo*, l'*Ethique*, le *De Intellectus Emendatione*, le *Tractatus politicus* sont des ouvrages dogmatiques (1).

Nous n'avons plus l'*Apologie*, et de Murr a inutilement cherché à s'en procurer le texte. Mais on peut croire avec lui qu'elle est venue se fondre dans le *Tractatus theologico-politicus* (2). Or, le titre seul de cette

(1) Colerus. *La Vie de Spinosa*, p. 213. « Ces ouvrages, avec les *Epistolæ et Responsiones*, forment les ouvrages posthumes, compris dans le pupitre que Van der Spyck, exécutant la volonté de Spinoza, envoya aussitôt après la mort du philosophe à Jean Rieuwertz d'Amsterdam. »

(2) De Murr, *Adnotationes*, p. 12. « *Exposuit Spinoza latius et exacte in hocce tractatu, quæ antea 1660 hispanice Rabbinis Synagogæ Lusitanicæ Amstelodam. declaraverat in* APOLOGIA PARA JUSTIFICAR SE DE SU ABDICACION DE LA SYNAGOGA. *A. 1757 frustra eam quæsivi apud proceres Synagogæ novæ... Flammis periisse asseverabant.* »

composition dit assez quel en est le sujet : *Traité théologico-politique contenant plusieurs dissertations où l'on fait voir que la liberté des philosophes non-seulement est compatible avec le maintien de la piété et la paix de l'Etat, mais même qu'on ne peut la détruire sans détruire en même temps et la paix de l'Etat et la piété elle-même.* Dans le petit traité de l'*Iris* et à l'occasion d'une question physico-mathématique, Spinoza ne manque pas d'opposer les résultats avérés de la science aux interprétations allégoriques de la nature, que se sont si souvent permises les théologiens (1). Non plus que l'*Apologie*, la traduction en flamand du *Pentateuque* n'est point parvenue jusqu'à nous, et Colerus affirme que

(1) Van Vloten, *Supplementum*, p. 258, *Iridis computatio*. « Cum igitur Iris theologis illud augustum fœderis insigne a physicis, secundum leges à Deo rebus creatis datas, causari judicatur per refractionem et reflectionem radiorum solis... »

Spinoza la jeta au feu peu de temps avant sa mort (1). Cette traduction, dont la perte n'est pas autrement regrettable, témoigne du reste évidemment, tout comme le précis de grammaire Hébraïque, des vues polémiques de son auteur. En effet, à l'exemple peut-être de Luther, Spinoza a voulu, en traduisant les Écritures en langue vulgaire, dissiper les obscurités mystérieuses où s'enveloppe leur sainteté. Et de même, en s'astreignant au labeur ingrat de rédiger une grammaire Hébraïque, il a cherché à ouvrir au grand nombre les arcanes de la Bible et à faciliter les discussions de l'exégèse.

Les vues dogmatiques de Spinoza ne

(1) Colerus, *La Vie de Spinosa*, p. 131. « Il avait encore commencé une traduction du Vieux Testament en flamand, sur quoi il avait conféré avec des personnes savantes dans les langues, et s'était informé des explications que les chrétiens donnaient à divers passages. Il y avait déjà longtemps qu'il avait achevé les cinq livres de Moïse, quand, peu de jours avant sa mort, il jeta tout cet ouvrage au feu dans sa chambre. »

sont pas moins fortement accusées dans l'autre série de ses ouvrages. S'il est impossible d'affirmer que le *De Deo* soit précisément la première ébauche de son système, il reste indubitable que ce traité en présente une exposition étendue. L'*Ethique* n'est que la rédaction concentrée, géométrique, on dirait bien acroamatique, des mêmes pensées, parvenues à leur maturité. Comment d'ailleurs Spinoza n'aurait-il pas songé à les divulguer sous une forme plus populaire? Aussi paraît-il qu'il avait conçu le projet de rédiger toute une philosophie, *Integra Philosophia*. Le *De Intellectus Emendatione et de via qua optime in veram rerum cognitionem dirigitur*, morceau lui-même inachevé, ne serait qu'un fragment de ce vaste travail, qu'il n'eut pas le temps de terminer (1). Enfin, l'*Ethique*, qui est, avant

---

(1) De Murr, *Adnotationes*, p. 18. « Spiritibus est destinatus, non corporibus tractatus iste (dignus ut aurcis

tout, une métaphysique, ne s'adresse, suivant la teneur même du titre, qu'à l'homme moral. Se pouvait-il que le philosophe républicain qui s'était refusé aux faveurs du Grand Roi; se pouvait-il que l'ami de Jean de Witt, n'en vînt point à s'expliquer relativement à la condition de l'homme social (1)? Et sans doute il y a déjà dans le *Tractatus theologico-politicus* toute une politique. Mais

---

litteris imprimatur). — Quartam partem, de summa Entis idea et de animæ cum eo combinatione, mors viri immortalis corporea præripuit. Kantius hanc quartam methodum ex Ethica Spinozæ adnectere potuisset, vix alius. »

(1) Cf. Seb. Kortholt, *Préface de la 2ᵉ édition du livre de son père.* « Vacavit interdum Spinoza doctis et principibus viris, quos non tam convenit quam admisit, cumque iis de rebus civilibus sermones instituit. Politici enim nomen affectabat, et futura mente ac cogitatione sagaciter prospiciebat, qualia hospitibus suis haud rara prædixit. » Voyez *Mémoires de Jean de Wit, grand pensionnaire de Hollande*, trad. franç., 3ᵉ édit. Ratisbonne, 1709, in-12. *Première partie*, ch. IX. Que la liberté de religion est le meilleur moyen pour attirer et conserver les étrangers, etc. *Troisième partie*, ch. I. Distinction entre le gouvernement monarchique et le gouvernement des républiques.

Spinoza consacre très-particulièrement cet ouvrage à déterminer les rapports du pouvoir ecclésiastique et du pouvoir civil. Il y réclame avec énergie la liberté de conscience, plus qu'il n'y discute les inconvénients et les avantages des diverses constitutions des États. C'est dans le *Tractatus politicus* que Spinoza a abordé ce dernier genre de considérations, en dégageant sa pensée, autant qu'il était en lui, des préoccupations théologiques qui assiégent incessamment son esprit. Il entreprend d'y établir comment une société, soit qu'elle obéisse à une monarchie, soit que le régime aristocratique s'y trouve en vigueur, doit être organisée, pour qu'elle ne se précipite point sous le joug de la tyrannie et que la paix et la liberté des citoyens demeurent inviolables. *In quo demonstratur, quo modo societas ubi imperium monarchicum locum habet, sicut et ea ubi optimi imperant, debet institui, ne in tyrannidem labatur et ut pax libertasque civium inviolata maneat.* Ce traité, que malheureusement aussi il ne put achever, fut le thème de ses dernières méditations et remplit ses derniers moments. Au onzième chapitre, Spinoza commence à traiter de la démocratie. « C'est là, écrit de Murr, que s'est arrêté cet homme divin, empêché par la maladie et bientôt enlevé par la mort (1). »

En résumé donc, rien de plus décidé, rien de plus clair que le but que poursuit Spinoza dans tous ses écrits. Les uns, qui gravitent autour du *Tractatus theologico-politicus*, sont polémiques et négatifs. Les autres, dont l'*Ethique* est le centre, sont dogmatiques et positifs. Et cette double tendance se reproduit dans sa correspondance, précieuse

---

(1) De Murr, *Adnotationes*, p. 17. « In capite undecimo pauca de democratia leguntur. Et hic substitit vir divinus, morbo impeditus, et morte abreptus. Non mirandum est, ob theologastrorum convicia, a scriptoribus politicis istum tractatum parum vel nunquam citatum fuisse. »

quoique incomplète illustration de ses ouvrages.

Maintenant, Spinoza a-t-il été à lui-même son unique inspiration? Sa philosophie est-elle sortie de son entendement, comme Minerve toute armée du cerveau de Jupiter? Ne doit-il rien ni à ses contemporains, ni à ses devanciers? En d'autres termes, jusqu'à quel point Spinoza, tout en affectant des prétentions à une originalité absolue, s'est-il montré original? Problème délicat, oiseux en apparence, et qui pourtant a son importance. Car il intéresse et l'histoire du Spinozisme et l'histoire même de l'esprit humain.

Évidemment, il faut accorder une certaine originalité à Spinoza, non pas sans doute cette originalité féconde qui ajoute aux connaissances acquises, mais cette stérile et trompeuse originalité qui consiste à rajeunir des formes vieillies et à diversifier les aspects de l'erreur. La religion dans laquelle était né Spinoza, l'éducation qu'il avait reçue, le temps et le pays où il vivait, tout semblait concourir à faire peser sur lui d'indéclinables influences. Je parle notamment du Judaïsme, dont il fut considéré d'abord comme un des plus fermes soutiens, et du Cartésianisme alors si répandu en Hollande, et, malgré d'envieuses attaques, si florissant. Toutefois, cet esprit vigoureux mais plus présomptueux encore fut incapable de se plier à aucun joug, d'accepter aucune direction. Effectivement, qu'est-ce que l'essence du Judaïsme, sinon la croyance en un Dieu distinct du monde, Dieu terrible, rémunérateur tour à tour et vengeur? Au contraire, le fond de la doctrine de Spinoza est-il autre chose que la négation d'un Dieu qui pardonne, d'un Dieu qui juge? Il ne se peut voir assurément d'opposition plus tranchée. D'autre part, veut-on savoir jusqu'où Spinoza, dès le début de sa carrière, porte

l'indépendance à l'égard du Cartésianisme ?
Que l'on prenne sa première publication,
c'est-à-dire l'exposition même des principes
de la philosophie par Descartes, *Renati Des
Cartes Principiorum philosophiæ Pars I
et II more geometrico demonstratæ* (1). Spinoza pourra bien avec son introducteur auprès du public, son ami L. Meyer, concerter
une préface (2) où il exaltera Descartes jusqu'à l'appeler la lumière du siècle : « *Exortum tamen fuit tandem splendidissimum
illud seculi nostri jubar Renatus Des Cartes,
qui postquam in Mathesi quicquid veteribus
inaccessum fuerat, quicquid insuper à coœtaneis suis desiderari posset, nova methodo
in lucem protraxerat, philosophiæ funda-*

(1) Amstelodami. 1663. in-4.

(2) Meyer va même jusqu'à prévenir le lecteur que Spinoza n'a pu mettre à cette composition plus de deux semaines. « Negotia ei tantum duarum, quibus hoc opus absolvere coactus fuit, septimanarum otium concesserunt. »

menta inconcussa eruit, quibus plurimas veritates ordine ac certitudine mathematica superstrui posse et ipse revera demonstravit, et omnibus, qui illius scriptis nunquam satis laudandis animum sedulo applicuerunt, luce meridiana clarius apparet (1). »
Mais, qu'on ne s'y trompe pas. Ce ne sont guère là que des politesses, et presque ironiques, à l'adresse des Cartésiens, dont Spinoza redoute le malveillant crédit. Dans cette même préface, il avertit expressément le public, par l'intermédiaire de Meyer, que loin de faire siens, en les exposant, les principes de Descartes, il y trouve des lacunes qu'il a dû combler et nombre d'erreurs qu'il rejette complétement. « *Quamobrem judicet nemo, illum (Spinozam) hic, aut sua, aut tantum ea, quæ probat, docere. Quamvis enim quædam vera judicet, quædam de suis addita fateatur; multa tamen occurrunt, quæ tan-*

(1) *Præfatio.*

quam falsa rejicit, et a quibus longe diversam foret sententiam (1). » Or, ce n'est point touchant des questions de peu de conséquence que Spinoza marque son dissentiment. Car, pour ne citer qu'un exemple, Descartes définit l'esprit humain une chose qui pense. « Telle n'est pas, observe Meyer, la doctrine de notre auteur. Il admet, à la vérité, qu'il y a dans la nature des choses une substance qui pense; mais il nie qu'elle constitue l'essence de l'esprit humain; il établit que, de la même manière que l'Étendue n'est déterminée par aucune limite, la Pensée non plus n'est renfermée dans aucune borne; et qu'ainsi de même qu'il n'y a pas absolument de corps humain, mais seulement une étendue déterminée en une certaine façon suivant les lois de la nature étendue par le mouvement et le repos; de même aussi il n'y a point absolument d'esprit ou

1) *Præfatio.*

d'âme humaine, mais seulement une pensée déterminée en une certaine façon par les idées suivant les lois de la nature pensante; pensée qu'il conclut être nécessairement donnée là où commence à exister un corps humain (1). » De cette façon, le moi se trouve aboli, et la dualité Cartésienne de la pensée et de l'étendue ramenée violemment, ou peu s'en faut, à l'unité.

Pour qui sait l'entendre, le Spinozisme se révèle dans ces paroles tout entier. Elles en sont l'expression essentielle et témoignent d'une manière irréfragable qu'au moment même où Spinoza semble se produire comme un disciple de Descartes, c'est en adversaire de Descartes qu'il se pose ouvertement. C'est ce qui se manifeste bien davantage, si l'on consulte l'*Appendice* qui suit l'exposition géométriquement démontrée des *Principes*, « *Appendix continens co-*

(1) *Præfatio.*

gitata metaphysica, in quibus difficiliores, quæ in metaphysices tam parte Generali, quam Speciali, circa Ens, ejusque Affectiones, Deum, ejusque Attributa, et Mentem humanam occurrunt, quæstiones breviter explicantur (1). » Je ne crains pas de soutenir que cet *Appendice*, qui n'a jamais été étudié, comprend néanmoins à peu près tout ce que renferme le *De Deo*, ou même tout ce que contiendra sous une forme abstraite et raffinée le livre de l'*Ethique*. Bien plus, Spinoza y apparaît si entièrement tel qu'il sera plus tard, que je serais porté à croire que l'exposition géométrique des *Principes* ne lui a été qu'une occasion de publier son *Appendice* et d'opposer ainsi à l'empire établi de Descartes sa naissante et exclusive autorité (2).

---

(1) En deux parties, à la suite des *R. Des Cartes Principiorum*, etc., p. 93.

(2) Bruder, t. II, p. 169, *Epistola* IX, *Oldenburgio. Maio*

Par conséquent, dès 1663 publiquement, et, en réalité, beaucoup plus tôt, Spinoza s'appartient à lui-même, ne relève que de lui-même, affirme fièrement, à l'encontre du Cartésianisme, sa propre originalité.

Ni Cartésien, ni Juif, s'ensuit-il que Spinoza se soit soustrait à toutes les influences

aut Jun. 1663. « Ut illa omnia edere liceret, amici quidam facile impetrare potuerunt, hac quidem lege, ut eorum aliquis, me præsente, ea stylo elegantiori ornaret, præfatiunculam adderet, in qua lectores moneret, me non omnia, quæ in hoc tractatu continentur, pro meis agnoscere, quum non pauca in eo scripserim, quorum contrarium prorsus amplector, hocque uno vel altero exemplo ostenderet. »

Citons aussi les vers mis par L. Meyer en tête de cette publication :

Ad librum.

« Ingenio seu te natum meliore vocemus,
    Seu de Cartesii fonte renatus eas,
Parve liber, quidquid pandas, id solus habere
    Dignus, ab exemplo laus tibi nulla venit.
Sive tuum spectem genium, seu dogmata, cogor
    Laudibus auctorem tollere ad astra tuum.
Hactenus exemplo caruit, quod præstitit, at tu
    Exemplo haud careas, obsecro, parve liber:
Spinozæ at quantum debet Cartesius uni
    Spinoza ut tantum debeat ipse sibi. »

qui l'entouraient, et ne doive rien ni aux hommes de son temps, ni à ses prédécesseurs? Son immense orgueil le lui a pu persuader. Il a pu se figurer qu'il dominait le passé et occupait le présent, autant qu'il devançait l'avenir. Cependant, les faits les mieux constatés démentent de si exorbitantes prétentions.

Affirmons-le avec insistance. Quelque large que l'on fasse la part de l'originalité chez Spinoza, le Spinozisme est aussi ancien que la philosophie. Il n'est qu'une des manières dont l'esprit humain conçoit l'ensemble des choses, et comme un de ses nécessaires points de vue. Omettez en effet certaines inspirations toutes chrétiennes; supprimez cet appareil géométrique, que l'auteur de l'*Ethique* tient pour un infaillible instrument de certitude, et qui n'est, en définitive, qu'un fatigant et grossier trompe-l'œil; où est, je vous prie, la foncière différence qui distingue le Spinozisme, des doctrines sur l'âme du monde ou sur l'unité de substance, si nombreuses dans l'antiquité, et dont les plus célèbres s'appellent l'Éléatisme, le Stoïcisme, l'Alexandrinisme, le naturalisme de Straton? Ce n'est pas tout; plus près de Spinoza, et comme immédiat antécédent du Spinozisme, n'avons-nous pas, dans les temps modernes, le naturalisme de Cardan, celui de Vanini, et principalement l'unitarisme de Bruno?

Mais il faut aller aux précisions. Si je cherche d'où a pu venir à Spinoza l'audace d'exégèse qui éclate dans le *Tractatus theologico-politicus*, non-seulement je reconnais en lui l'élève de Maïmonide, interprète des Écritures (1); mais je rencontre à ses côtés, avec une foule de protestants de

---

(1) Voyez *le Guide des Égarés*, par Moïse-ben-Maïmoun dit Maïmonide; *Traité de théologie et de philosophie*, traduit par S. Munk; 1856-1861, 2 vol. grand in-8.

marque qui s'exercent, en ce genre, à toutes sortes de témérités, son compatriote et son aîné, l'allégoriste et l'allégoriseur Coccéius. Si je me demande qui a pu imprimer à Spinoza cet élan qui le fait rompre avec la tradition, et substituant, en philosophie, à la méthode d'autorité l'emploi de la libre raison, inaugurer de nouveaux principes, je le trouve précédé dans cette voie par Herbert de Cherbury (1), par Bacon, par les Cartésiens les plus réputés de la Hollande, tels que Clauberg et Geulincx. Professeur à Duisbourg et mort seulement en 1665, les écrits de Clauberg passent en Hollande et en France pour les meilleurs commentaires des théories Cartésiennes. Clauberg ne va d'ailleurs à rien moins qu'à enseigner dans son traité *De la Connaissance de Dieu et de*

---

(1) *De Veritate prout distinguitur a Revelatione, a Verisimili, a Possibili et Falso.* Paris, 1624; Londres, 1633 et 1645.

nous-mêmes, *De Cognitione Dei et nostri Exercitationes centum*, que Dieu est tout l'être et qu'étant seul vraiment substance, il n'y a qu'une substance (1). Quant à Geulincx, qui est bien près, par son système des causes occasionnelles, d'aboutir à des résultats identiques, il professe à Leyde, de 1662 à 1669, c'est-à-dire justement à l'époque où Spinoza vit à Rhinburg, et il y publie avec sa *Logique* une partie de son *Éthique* qu'il traduit en flamand (2). D'au-

---

(1) Duisburgi ad Rhenum, 1656, *Exercitatio* XXVIII, 5. Voyez encore, de Clauberg : *Defensio Cartesiana*, Amstelodami, 1652; *De Dubitatione Cartesiana*, Duisburgi, 1655; *Logica*, Amstelodami, 1654 et 2ᵉ édit. 1658.

(2) L'Éthique entière de Geulincx ne parut qu'après sa mort. *Arnoldi Geulincs Γνῶθι Σεαυτον, sive Ethica, post tristia authoris fata*, Amstelodami, 1696. Cf. *Æthica Cartesiana sive ars bene beateque vivendi ad clarissimas rationis et sanæ mentis ideas ac solidissima Renati Cartesii principia formata, in tres partes divisa quarum, I. de naturali hominis in hac vita felicitate, II. de mediis illam acquirendi, III. de applicatione et legitimo usu horum mediorum.* — Halæ Magdeburgicæ, 1719. *Tract.*

tre part, si je m'interroge sur les provenances de la politique de Spinoza, je découvre qu'il suit indiscrètement les traces mêlées de Tacite (1), de Grotius, de Hobbes qu'il répudie (2); de Machiavel, dont il loue la pénétration, *acutissimus Florentinus* (3) et qu'il se plaît à considérer comme un ami de la liberté (4). Enfin et surtout, si j'entreprends de déterminer la filiation du livre de l'*Ethique*, je constate aisément dans ce traité trop célébré une pensée qu'ont formée deux courants, un courant Hébraïque et un

---

(1) Bruder, t. II, *Tractatus politicus*, passim.

(2) *Id.*, *ibid.*, p. 298, *Epistola* L. 2. *Junii* 1674 « Discrimen inter me et Hobbesium, de quo interrogas, in hoc consistit, quod ego naturale jus semper sartum tectum conservo, quodque supremo magistratui in qualibet urbe non plus in subditos juris, quam juxta mensuram potestatis, qua subditum superat, competere statuo, quod in statu naturali semper locum habet. »

(3) *Id.*, *ibid.*, p. 128: *Tractatus politicus*, cap. x. *De Aristocratia*: *Finis*.

(4) *Id.*, *ibid.*, p. 73; *Tractatus politicus*, cap. v. *De optimo imperii statu*.

courant Cartésien, mais où le courant Cartésien a prévalu.

C'est qu'en effet les deux influences contre lesquelles Spinoza a le plus lutté et qu'à plusieurs égards, il a surmontées; l'influence Juive et l'influence Cartésienne n'en ont pas moins pénétré jusqu'aux moelles sa nature rebelle, et fréquemment dominé son esprit.

De Murr a beau s'étonner qu'on puisse découvrir entre les doctrines Spinozistes et la Cabale la moindre analogie, déclarant qu'il serait tout aussi raisonnable de dériver le Spinozisme de la philosophie des Chinois, ou du scolastique David de Dinant (1). Que Spinoza procède de la philosophie Juive, quoiqu'il ne soit devenu ni Talmudiste ni Caraïte, c'est ce que prouve surabondamment son éducation rabbinique, sous la

---

(1) De Murr, *Adnotationes*. p. 31.

direction du savant Morteira. Comme le remarque Leibniz, qui le connaissait, le spéculatif de La Haye était très-versé dans la Cabale des auteurs de sa nation. Nul doute aussi que Maïmonide, qui plus d'une fois est cité ou discuté par Spinoza (1), ne lui fût très-familier. Or, qu'est-ce que Maïmonide, sinon, par beaucoup d'endroits, Avicenne ou même Averroëz? Et qu'est-ce que l'Averroïsme, sinon le Spinozisme, la chose moins le mot? Maïmonide, il est vrai, soutient le dogme de la création, que nie Spinoza (2); ce qui établit entre les deux penseurs une différence radicale. Combien néanmoins le Dieu de Spinoza ne ressemble-t-il pas au Dieu de Maïmonide, à ce Dieu que l'auteur du *Moré-Néboukim* dépouille de tout attribut positif; auquel il ne veut pas même qu'on se per-

---

(1) Bruder, t. III, *Tractatus theologico-politicus*, cap. I, V, VII, X, XVIII.

(2) Voyez le *Guide des Égarés*, t. II, chap. XIII-XXV.

mette d'attribuer l'existence et l'unité, de peur que ces deux qualités ne soient considérées en lui comme autre chose que la substance (1)!

Cependant, quelque initié que pût être Spinoza à la philosophie secrète des Hébreux, il est impossible d'oublier la forte éducation Cartésienne que de si bonne heure il s'était donnée. « Après avoir abandonné la théologie pour s'attacher entièrement à la physique, dit Colerus, il délibéra longtemps sur le choix qu'il devait faire d'un maître, dont les écrits le pussent servir dans le dessein où il était. Mais enfin, les œuvres de Descartes étant tombées entre ses mains, il les lut avec avidité; et dans la suite il a souvent déclaré que c'était de là qu'il avait puisé ce qu'il avait de connaissance en philosophie. Il était charmé de cette maxime de

---

(1) *Le Guide des Egarés*, t. I, chap. L-LX.

Descartes, qui établit qu'on ne doit jamais rien recevoir pour véritable, qui n'ait été auparavant prouvé par de bonnes et solides raisons (1). » Et en réalité, nul peut-être n'a pratiqué Descartes mieux que Spinoza. Le *Discours de la Méthode* et les *Méditations*, les *Principes* et le *Traité des Passions*, c'est-à-dire les plus importants ouvrages de Descartes se trouvent comme infus dans ses propres écrits. Il est vrai qu'il affectera de se séparer de Descartes et pourra même se laisser emporter jusqu'à prétendre que les principes Cartésiens de philosophie naturelle sont inutiles, pour ne pas dire absurdes (2). Assurément aussi il a outré, dénaturé les doctrines Cartésiennes, en les poussant à des conséquences que Descartes ne soupçon-

---

(1) *La Vie de Spinosa*, p. 16.
(2) Bruder, t. II, p. 338, *Epistola* LXX, 1676. « Non dubitavi olim affirmare rerum naturalium principia Cartesiana inutilia esse, ne dicam absurda. »

naît pas et à des excès que ce probe génie eût hautement désavoués. C'est pourquoi ce n'est pas sans quelque raison que Dom François Lami, dans son *Parallèle des principes de monsieur Descartes avec ceux de Spinoza*, qualifie « d'injustes, ou du moins d'aveugles, ceux qui prétendent que le Cartésianisme a produit le Spinozisme (1) ; » et que Gerdil entreprend de démontrer, à son tour, *l'Incompatibilité des principes de Descartes et de Spinoza* (2). Je l'avance hardi-

---

(1) *Le Nouvel Athéisme renversé, ou Réfutation du système de Spinosa, tirée, pour la plupart, de la connaissance de la nature de l'homme.* Paris, 1696 ; in-12, p. 454.

(2) *Recueil de dissertations sur quelques principes de philosophie et de religion* ; Paris, 1760; in-12. Quatrième dissertation, p. 215. « Concluons donc, écrit Gerdil : l'athéisme de Spinosa est tout fondé sur ces trois maximes fondamentales : 1° qu'il ne peut y avoir deux substances qui ne diffèrent par essence ; 2° qu'une substance ne peut être produite par une autre, et qu'il est de son essence d'exister; 3° que toute substance est infinie. Or, je ne sache aucun principe de Descartes, d'où l'on puisse raisonnablement déduire aucune de ces propositions; et je

ment. En un sens, Spinoza doit presque tout à Descartes, et ses principes et sa méthode. Il lui doit sa méthode; car c'est dans la fréquentation de ses ouvrages qu'il a contracté ce besoin mal défini d'idées claires, cette intempérante avidité d'évidence, ces exigences de justesse mathématique, qui n'aboutissent trop souvent qu'à des abstractions, à des hypothèses ou à des paralogismes. Il lui doit ses principes; car c'est de lui qu'il a reçu, entre autres, ces thèses équivoques de l'infinité du monde; de l'étendue, essence de la matière, et de la pensée, essence de l'esprit; de la distinction dès lors inconciliable de l'âme et du corps (1); de la passivité des substances; de la conti-

puis, au contraire, en montrer dans Descartes qui les détruisent absolument. » Gerdil n'a été frappé que des différences qui séparent de Descartes Spinoza.

(1) Cf. Bruder, t. I, p. 390, *Ethices* pars v. Præfatio. « Cartesius mentem a corpore adeo distinctam conceperat, ut nec hujus unionis, nec ipsius mentis ullam singu-

nuité de la création; de Dieu, principe de la réalité et fondement de tout l'être; thèses qui sont bien faites pour conduire un esprit géomètre à identifier aisément l'univers et Dieu.

Assagi et tempéré, le Cartésianisme suffit à renverser le Spinozisme, et on comprend qu'Andala ait pu écrire son *Cartesius verus Spinozismi eversor* (1). Exagéré ou laissé aux résultats inévitables que lui impose la logique, le Cartésianisme incline visiblement au Spinozisme, et on ne s'étonne pas que J. Regis ait rédigé son *Cartesius verus Spinozismi architectus* (2). De son côté enfin, ce n'est pas sans motif que Wachter, quoiqu'il se soit plus tard démenti, a cherché dans le Judaïsme les racines du

larem causam assignare potuerit, sed necesse ipsi fuerit, ad causam totius universi, hoc est, ad Deum recurrere. »

(1) Cf. Aubert de Versé. *L'Impie convaincu*, Amsterdam, 1681; in-8.

(2) Amsterdam, 1723; in-8.

Spinozisme : *Der Spinozismus im Judenthum, oder die von dem heutigen Judenthum, und dessen geheimen Kabbala vergötterte Welt, an Mose Germano, sonsten Johann Peter Speeth, von Augspurg gebürtig, befunden und widerleget* (1).

En conséquence, et quelque embarrassants que puissent être de tels problèmes d'attribution, loin de voir dans le Spinozisme une philosophie, je ne dirai pas complétement originale, ce qui serait absurde, mais très-originale; je me rangerais à l'avis de Leibniz, qui le dérivait, en grande partie, des Cabalistes et de Descartes. « C'est d'un

---

(1) Amsterdam, 1699; in-8. Cf. De Murr, *Adnotationes*, p. 31. « Pœnituit postea auctorem (Wachter) ex parte instituti sui, idque professus est in Elucidario Cabbalistico, sive reconditæ Hebræorum philosophiæ brevi et succincta recensione, Romæ (Rostochii), 1706, in-8; ubi in præfatione, p. 13, errasse se quidem in eo profitetur, quod Spinozismum tanquam atheismi reum cum Cabbala, eamdem propugnante causam, condemnarit. »

mélange de Cabale et de Cartésianisme et de leurs principes finalement corrompus, écrivait le philosophe de Hanovre, que Spinoza a formé son dogme monstrueux. Il n'a point compris la nature de la vraie substance ou de la monade (1). »

Doctrine monstrueuse en effet et dont l'apparition devait soulever des orages.

(1) Dutens, t. VI. pars I, p. 203, *ad Bourguet Epistola* I. 1707.

IV

Tout Spinoza, ai-je dit, est compris dans le *Tractatus theologico-politicus* et dans l'*Ethique;* dans le *Tractatus theologico-politicus*, le théologien ; dans l'*Ethique*, le philosophe. Or on ne peut nier que, jusque vers la fin du dix-septième siècle, ces écrits n'excitent guère qu'une longue et bruyante réprobation. Tel est même le scandale produit, malgré l'anonyme, par la publication du *Tractatus theologico-politicus*, que l'*Ethique* ne peut paraître qu'après la mort de son auteur. La sensation, effectivement, fut immense, l'indignation à peu près unanime, la proscription de l'ouvrage immédiate. Le pays, qui venait à peine, au prix d'héroïques sacrifices et de sanglants efforts, d'inaugurer le règne de la tolérance, ne craignit pas de se montrer intolérant. Les théologiens protestants, surtout, éclatèrent en gémissements. Ils crurent la foi de la nation calomniée, et leurs colères se tournèrent presque autant contre le Spinozisme que contre ce qu'ils appelaient le Papisme.

Gottlob Friderich Jenichen a dressé le catalogue de tous les auteurs qui, en Hollande, se firent, alors, un devoir de réfuter le libre penseur du *Tractatus theologico-politicus* (1). Mais on ne trouve nulle part un témoignage plus vivant de ces émotions, que dans un livre cité par Colerus; dont Bayle a donné des extraits; et qu'il faut néanmoins avoir lu d'un bout à l'autre, pour se faire une juste idée de ce qu'était à cette

---

(1) *Historia Spinozismi Leenhofiani*; Lipsiæ, 1706; p. 83.

époque la polémique d'un ministre Hollandais et l'état de l'opinion à l'endroit de Spinoza. Ce volume est un in-18, aujourd'hui assez rare, imprimé à Amsterdam, chez Abraham Wolfgank, en 1675, et qu'on classe même parmi les elzévirs. Il est dédié au prince d'Orange et longuement intitulé : « *La Véritable Religion des Hollandais, avec une apologie pour la religion des Etats généraux des provinces unies; contre le libelle diffamatoire de Stoupe, qui a pour titre la Religion des Hollandais, représentée en plusieurs lettres écrites par un officier de l'armée du roi, à un pasteur et professeur en théologie à Berne, par Jean Brun, ministre du roi des armées.* « HAC CASTI MANEANT IN RELIGIONE NEPOTES. » *Cy est joint le conseil d'extorsion ou la volerie des Français, exercée en la ville de Nimègue par le commissaire Methelet et ses suppôts.* »

Stoupe, lieutenant-colonel d'un régiment

Suisse au service du roi de France, commandait dans Utrecht en 1673, passa plus tard brigadier et fut tué à la journée de Steinkerque. Il avait été autrefois Ministre, et avait servi l'Église de Savoie à Londres, au temps de Cromwell (1). Érudit et bel esprit, ce fut lui qui suggéra à Condé le désir de voir Spinoza, avec lequel il passa probablement, à cette occasion, plusieurs jours en un commerce presque familier. Cependant, dans un libelle publié à Paris l'année même où il accueillait à Utrecht le célèbre méditatif, Stoupe reprochait expressément aux ministres Hollandais de n'avoir pas répondu au *Tractatus theologico-politicus* (2).

« Je ne croirais pas vous avoir parlé de toutes les religions de ce pays, écrivait

---

(1) Cf. Bayle. *Dictionnaire*, article *Spinoza*.
(2) *La Religion des Hollandais, représentée en plusieurs lettres écrites par un officier de l'armée du roy, à un pasteur et professeur en théologie de Berne.* Paris, F. Clousier et Aubouïn, 1673; in-18.

Stoupe dans sa troisième lettre (1), si je ne vous avais dit un mot d'un homme illustre et savant qui, à ce qu'on m'a assuré, a un grand nombre de sectateurs qui sont entièrement attachés à ses sentiments. C'est un homme qui est né Juif, qui s'appelle Spinoza, qui n'a point abjuré la religion des Juifs ni embrassé la religion chrétienne; aussi il est très-méchant Juif, et n'est pas meilleur Chrétien. Il a fait depuis quelques années un livre en latin, dont le titre est *Tractatus positivus* (sic), dans lequel il semble avoir pour but principal de détruire

(1) La première lettre montre par quels moyens et par quels motifs la religion réformée s'est établie dans les Provinces-Unies. La seconde et la troisième parlent de toutes les religions qui sont en Hollande et de leurs principales opinions. La quatrième et la cinquième prouvent que l'on ne peut pas dire que les Provinces-Unies soient un État de la religion. La sixième fait voir que, quand les Hollandais seraient les chrétiens du monde les plus réformés, ce serait une grande imprudence à ceux de la religion d'entreprendre de se liguer ensemble pour les secourir dans la guerre que le roi leur fait. »

toutes les religions, et particulièrement la Judaïque et la Chrétienne, et d'introduire l'athéisme, le libertinage et la liberté de toutes les religions. Il soutient qu'elles ont toutes été inventées pour l'utilité que le public en reçoit, afin que tous les citoyens vivent honnêtement et obéissent à leur magistrat, et qu'ils s'adonnent à la vertu, non pour l'espérance d'aucune récompense après la mort, mais pour l'excellence de la vertu en elle-même, et pour les avantages que ceux qui la suivent en reçoivent dès cette vie. Il ne dit pas ouvertement dans ce livre l'opinion qu'il a de la Divinité, mais il ne laisse pas de l'insinuer et de la découvrir. Au lieu que dans ses discours il dit hautement que Dieu n'est pas un être doué d'intelligence, infiniment parfait et heureux comme nous l'imaginons; mais que ce n'est autre chose que cette vertu de la nature qui est répandue dans toutes les créatures.

« Ce Spinoza vit dans le pays; il a demeuré quelque temps à La Haye, où il était visité par tous les esprits curieux, et même par des filles de qualité qui se piquent d'avoir de l'esprit au-dessus de leur sexe. Ses sectateurs n'osent pas se découvrir, parce que son livre renverse absolument les fondements de toutes les religions et qu'il a été condamné par un décret public des États, et qu'on a défendu de le vendre, bien qu'on ne laisse pas de le vendre publiquement. Entre tous les théologiens qui sont dans ce pays, il ne s'en est trouvé aucun qui ait osé écrire contre les opinions que cet auteur avance dans son Trait . J'en suis d'autant plus surpris, que l'auteur, faisant paraître une grande connaissance de la langue hébraïque, de toutes les cérémonies de la religion judaïque, de toutes les coutumes des Juifs et de la philosophie, les théologiens ne sauraient dire que ce livre ne mérite point qu'ils prennent la peine de le réfuter. S'ils continuent dans ce silence, on ne pourra s'empêcher de dire, ou qu'ils n'ont point de charité en laissant sans réponse un livre si pernicieux, ou qu'ils approuvent les sentiments de cet auteur, ou qu'ils n'ont pas le courage et la force de les réfuter (1). »

A ce libelle, Jean Brun oppose un autre libelle, et la diffamation la plus acerbe à ce qu'il regarde comme une diffamation. Car il n'y a pas jusqu'aux mœurs de Stoupe qu'il n'incrimine et jusqu'à sa bravoure qu'il ne mette en suspicion. On sent que les imputations lui sont surtout odieuses parce qu'elles viennent d'un officier français, et qu'il voudrait venger Utrecht du commandant Stoupe, aussi bien que Nimègue du commissaire Methelet. Aucun reproche d'ail-

---

(1) *La Religion des Hollandais*, p. 91 et suiv. Cf. *Lettre* v, p. 152.

leurs ne paraît le piquer plus au vif que celui d'avoir laissé sans réponse les enseignements du *Tractatus theologico-politicus*. Il repousse, en conséquence, avec une extrême vivacité, cette calomnie. Il proteste que les gardiens du sanctuaire n'en ont point permis, par connivence ou indolence, la profanation. En un mot, il s'efforce de dégager l'Église Hollandaise d'une solidarité abominable.

« M. Stoupe dit donc que Spinoza est un homme qui est né Juif, qui n'a point abjuré la religion des Juifs, ni embrassé la religion des Chrétiens. S'il est Juif ou non, cela n'établit ni ne ruine pas la religion des Hollandais. Je crois pourtant que Stoupe se trompe quand il dit qu'il n'a point abjuré la religion des Juifs, puisqu'il ne renonce pas seulement à leurs sentiments, s'étant soustrait de toutes leurs observations et de leurs cérémonies, mais aussi qu'il mange et boit tout ce qu'on lui propose, fût-ce même du lard, et du vin qui viendrait de la cave du pape, sans s'informer s'il est *Caschar* ou *Nesech*. Il est vrai qu'il ne fait pas profession d'aucune autre, et il semble être fort indifférent pour les religions, si Dieu ne lui touche le cœur. S'il soutient toutes les opinions comme Stoupe les lui attribue, je ne le rechercherai pas, et Stoupe se serait passé, avec plus d'édification, d'en parler. Il s'en pourra justifier lui-même, s'il veut. Je n'examinerai pas non plus s'il est l'auteur du livre qui a pour titre *Tractatus theologo-politicus* (sic). Au moins l'on m'assure qu'il ne le veut pas reconnaître pour son fruit : et si l'on doit croire au titre, il n'est pas imprimé en ces provinces, mais à Hambourg. Mais prenons que ce méchant livre soit imprimé en Hollande; Messieurs les États ont tâché de l'étouffer en sa naissance et l'ont condamné et en ont défendu le débit, par un décret public, dès aussitôt qu'il vit le jour en leur pays, comme Stoupe lui-même le confesse... Je sais bien qu'il s'est vendu en Angleterre, en Allemagne, en France et même en Suisse, aussi bien qu'en Hollande; mais je ne sais pas s'il a été défendu en ces pays-là. Messieurs les États encore présentement que je suis occupé à écrire ceci, témoignent leur piété, et le défendent de nouveau avec plusieurs autres de cette trempe.

« Stoupe trouve pourtant de quoi accuser les Hollandais. C'est qu'ils n'ont pas réfuté un livre si pernicieux. Entre tous les théologiens, dit-il, qui sont dans ce pays, il ne s'en est trouvé aucun, qui ait osé écrire contre les opinions que cet auteur avance dans son traité. Presque dans tout son libelle, il ne se prend qu'à Messieurs les États, et aux marchands; mais pour montrer que toute la nation lui déplaît, il faut aussi donner un coup de peigne à leurs théologiens. Puisque ce livre a été imprimé à Hambourg, au moins comme porte le titre, il me semble qu'il devait plutôt avoir fait ce reproche aux théologiens de cette ville-là qu'aux Hollandais. Prenons pourtant que Spinoza en soit l'auteur, et qu'il soit imprimé en ce pays-ci, faudra-t-il justement que les théologiens de Hollande le réfutent? Tout ce qu'il y a de chrétiens au monde ne devraient-ils pas accourir pour le réfuter, s'ils le jugeaient nécessaire?

« Mais peut-être les théologiens, tant Suisses que Hollandais, ont jugé qu'il n'était pas nécessaire de se presser tant pour réfuter Spinoza, croyant que l'horreur de sa doctrine se réfute assez d'elle-même, d'autant plus qu'il n'y a rien de nouveau dans ce traité, tout ce qu'il contient ayant été mille fois recuit par les profanes, sans avoir pourtant, grâce à Dieu ! fait grand mal à l'Église. J'ai couché moi-même plusieurs remarques contre ce détestable livre sur le papier, et si les malheurs de la guerre ne me l'avaient empêché, je ne sais ce que je n'aurais pas fait, quoique je croie néanmoins avoir employé mon temps plus utilement à d'autres ouvrages ; je ne l'ai même jamais jugé si pernicieux que le libelle diffamatoire de Stoupe. Je me suis imaginé que cet homme sonnant le tocsin, criant aux armes, pour inciter les Suisses et tout le monde à la ruine des Hollandais, après être revenu tout sanglant du massacre de Bodegrave, employait des moyens plus efficacieux pour perdre la religion, et par conséquent qu'il était plus digne de réfutation que Spinoza. Mais enfin le traité de Spinoza a été réfuté par un excellent homme en Hollande, qui était très-bon théologien, aussi bien que grand philosophe, c'est à savoir par M. Mansfeldt, professeur en sa vie à Utrecht (1). »

Ces paroles de Brun, quoique d'un style un peu barbare, sont parfaitement fondées. Du vivant de Spinoza, ses écrits n'avaient pas manqué de contradicteurs. Spinoza mort, le scandale de l'*Ethique* aggravant le scandale du *Tractatus theologico-politicus*, les adversaires du philosophe Hollandais deviennent presque innombrables.

En vain quelques rares et courageux amis, un Abraham Cuffeler par exemple (2), en-

(1) *Apologie pour la religion des Hollandais*, p. 158 et suiv. — Reynier de Mansveld, *Adversus anonymum theologico-politicum*. Amsterdam, 1674. Cf. Bruder, t. II, p. 299, *Epistola* L, 1674. « Librum, quem Ultrajectinus professor in meum scripsit, quique post obitum ejus luci expositus est, e fenestra bibliopolæ pendentem vidi, et ex paucis, quæ tum temporis in eo legeram, eum lectu, multo minus responsione, indignum judicabam. Relinquebam ergo librum ejusque auctorem. Mente subridens volvebam, ignarissimos quosque passim audacissimos, et ad scribendum paratissimos esse. »

(2) *Specimen artis ratiocinandi naturalis et artificialis ad pantosophiæ principia manuducens*. Hamburgi. 1684, in-12.

treprennent-ils de défendre ce *livre d'or*, ce *livre immortel* qui s'appelle l'*Ethique* (1), et repoussent hautement l'accusation d'athéisme, dont on ose flétrir le philosophe incomparable qui a établi par les arguments les plus solides l'existence de Dieu (2). C'est

(1) *Specimen*, etc., p. 258. « Opus sane aureum, nullo seculo interiturum, modo ipsi perversus sensus non affingatur. »

(2) *Specimen*, etc., p. 103. «Aliter a nobis cognoscitur Deus per sua opera; aliter per ideam Dei nobis innatam; aliter per singularem revelationem; aliter per hoc, aliter per illud attributum : prout hæc a philosophis observantur et inter ceteros a quodam magni nominis philosopho, (SPINOZA) cujus immaturus, pro dolor! decessus ab orbe litterato nunquam satis lugeri poterit, prout testantur doctissima illius scripta quæ in manibus fere omnium versantur, quamvis a paucissimis intelligantur. Summus enim hic vir invidiam veritus retinuit usitatas loquendi formulas, ... hinc factum est ut, ex verbis male intellectis per crassissimam ignorantiam, multi non veriti sunt huic tanto viro affingere opiniones absurdissimas de quibus ne per somnium quidem ille cogitaverat unquam, et hinc detractandi materiam sumentes indignis modis illum suis scriptis prosequuntur, eum Atheismi aperte insimulant (cum tamen in hunc usque diem nemo inventus sit, qui Dei existentiam validioribus argumentis et serioso magis

contre sa mémoire un déchaînement qui va jusqu'à la fureur. On se met à le représenter, tantôt en plaçant au-dessous de son image un serpent qui se mord la queue, tantôt en figurant ce serpent à sa droite (1), et au bas de ces ridicules portraits, on inscrit ces mots d'opprobre :

Benoît de Spinoza, Juif et Athée;

Ou encore :

---

animo ostendere conatus est) et amplissime refutantes proprias stultitias quas ipsi prius effinxerunt, sibi ipsis magnificam victoriam canunt. » Cf., p. 113.

(1) Voyez dans De Murr, *Adnotationes*, p. 6 et suiv., la description de tous ces ridicules portraits de Spinoza. « Anno 1712 sculpta est alia imago; infra conspicitur serpens qui caudam in ore tenet. BENEDICTUS DE SPINOZA, JUDÆUS ET ATHEISTA. » — « Alia cum serpente superne ad dexteram, præfixa est versioni germanicæ vitæ Coleri 1733. Infra imaginem : BENEDICTUS DE SPINOZA, Amstelodamensis, gente et professione Judæus, postea cœtui Christianorum se adjungens, primi systematis inter Atheos subtiliores Architectus. Tandem, ut Atheorum nostra ætate Princeps Hagæ Comitum infelicem vitam clausit, characterem reprobationis in vultu gerens. Natus A. 1632 d. 24 nov. Den. 1677 d. 21 Febr. In-8. »

Benoît de Spinoza, prince des athées, portant jusque sur son visage les signes de la réprobation.

De la Hollande, l'indignation s'étend à l'Allemagne et gagne l'Europe entière.

En parlant de Spinoza, le docteur Musæus, dans son *Tractatus theologico-politicus ad veritatis lucem examinatus* (1), ira jusqu'à écrire : « Le diable a séduit un grand nombre d'hommes, qui semblent tous être à ses gages, et s'attachent uniquement à renverser ce qu'il y a de plus sacré au monde. Cependant il y a lieu de douter si parmi eux aucun a travaillé à ruiner tout droit humain et divin avec plus d'efficacité que cet imposteur, qui n'a autre chose en vue que la perte de l'État et de la religion. »

De son côté, Christian Kortholt, jouant pitoyablement sur les mots, déclare dans

---

(1) Wittemberg, 1708.

son livre *des Trois Grands Imposteurs* (Herbert de Cherbury, Hobbes et Spinoza), que « *Benedict* Spinoza serait mieux nommé le *maudit*, parce que la terre devenue par la malédiction divine *épineuse* (*spinosa*) n'a peut-être jamais porté un homme plus *maudit* et dont les écrits soient encombrés de tant d'épines (*spinis*) » (1). Leibniz l'appelle « l'auteur subtil mais profane d'une détestable doctrine » (2). Bayle, dans l'article de son *Dictionnaire* qu'il consacre à Spinoza, le nomme « un athée de système », et tient sa philosophie pour « la plus monstrueuse hypothèse qui puisse s'imaginer, la

---

(1) *De Tribus Impostoribus magnis Liber*. Kiloni, 1680. Sect. III, *De Benedicto Spinoza*. — Cf. Colerus, *la Vie de Spinosa*; l'auteur y signale encore, p. 130-157 d'autres, et nombreuses réfutations du Spinozisme, notamment : *L'Impiété vaincue*, par Pierre Yvon. 1687, Amsterdam, in-8; *Christophori Wittichii professoris Leidensis Anti-Spinoza, sive Examen Ethices B. de Spinoza*. 1690.

(2) Erdmann. *Leibnitii Opera philosophica*, p. 156. *De Ipsa Natura, sive de Vi insita actionibusque creaturarum*. 1698.

plus absurde et la plus diamétralement opposée aux notions les plus évidentes de notre esprit ». Malebranche qualifie cette même doctrine « d'épouvantable et ridicule chimère », et l'auteur « de misérable Spinoza ». — « Quand je l'ai trouvé à mon chemin, écrit le savant Huet, je ne l'ai pas épargné, ce sot et méchant homme, qui mériterait d'être chargé de chaînes et battu de verges, *vinculis et virgis* (1). » Enfin Richard Simon et Abbadie, Sylvain Regis (2), Poiret (3)

---

(1) Cf. *Demonstratio evangelica*. Paris, 1679, in-fol.; et *de Concordia rationis et fidei*. Paris, 1692, in-4. — Cf. Bruder, t. II, p. 337, *Epistola* LXXII. « Denique rogo, écrit en 1676 Spinoza à un de ses correspondants de Paris, ut inquiras, an tractatus D. Huet (nempe contra Tractatum theologico-politicum), de quo antea scripsisti, lumen jam viderit et an mihi exemplar transmittere poteris. »

(2) *L'Usage de la raison et de la foi*. Paris, 1704, in-4, p. 481. *Réfutation de l'opinion de Spinoza touchant l'existence et la nature de Dieu.*

(3) *Fundamenta atheismi eversa, sive Specimen absurditatis atheismi Spinoziani, per examen definitionum, axio-*

et Jacquelot (1), Fénelon (2) et Lami qu'encourage Bossuet (3), ne parlent guère un autre langage. Il serait même facile, mais fastidieux, d'ajouter à cette liste déjà lon-

matum, et decem priorum propositionum suæ Ethices, ubi totius ejus impiæ pseudo-philosophiæ fundamenta, quæ illic continentur omnia, radicitus exstirpantur. Amstelodami, 1685.

(1) *Dissertations sur l'existence de Dieu*. La Haye, 1697, in-4.

(2) *Réfutation des erreurs de Benoit de Spinoza, par M. de Fenelon archevêque de Cambrai, par le P. Lami Bénédictin et par M. le Comte de Boullainvilliers, avec la Vie de Spinosa, écrite par M. Jean Colerus, ministre de l'Église luthérienne de La Haye; augmentée de beaucoup de particularités tirées d'une vie manuscrite de ce philosophe, faite par un de ses amis.* Bruxelles, F. Foppens, 1731; in-18. Fénelon, *Traité de l'existence de Dieu*, seconde partie; chap. III, *Réfutation du Spinozisme; Lettres sur divers sujets de métaphysique et de religion;* Lettre v. « La secte des Spinozistes est donc une secte de menteurs et non de philosophes. »

(3) Voyez Lami, *le Nouvel Athéisme renversé*, etc. Avertissement. « M. de Meaux, écrit Lami, m'honora encore de ce mot : J'approuve beaucoup tout ce que je vois dans votre ouvrage contre Spinoza. Il est plein d'une excellente et sublime métaphysique. » Cf. Lettre de Bossuet à Dom François Lami ; *lettre* CXLVII.

gue des attaques qu'eut à essuyer Spinoza.

Toutefois, je rapporterai encore un dernier témoignage, parce que je ne sache pas qu'on l'ait remarqué, et qu'il me semble, à plusieurs égards, digne de l'être. C'est une diatribe fulminée du haut de la chaire par Massillon contre Spinoza et ses adeptes.

« Pourquoi croyez-vous, s'écrie Massillon, que les prétendus incrédules souhaitent si fort de voir des impies véritables, fermes et intrépides dans l'impiété, qu'ils en cherchent, qu'ils en attirent même des pays étrangers, comme un Spinoza, si le fait est vrai, qu'on l'appela en France pour le consulter et pour l'entendre (1)? C'est que nos

(1) Allusion à une fable qui fut assez répandue et qui se trouve rapportée dans le *Ménagiana* imprimé à Amsterdam en 1695. « J'ai ouï dire, écrit l'auteur, que Spinoza était mort de la peur qu'il avait eue d'être mis à la Bastille. Il était venu en France attiré par deux personnes de qualité qui avaient envie de le voir. M. de Pomponne en fut averti; et comme c'est un ministre fort zélé pour

incrédules ne sont point fermes dans l'incrédulité, ne trouvent personne qui le soit, et voudraient, pour se rassurer, trouver quelqu'un qui leur parût véritablement affermi dans ce parti affreux : ils cherchent dans l'autorité des ressources et des défenses contre leur propre conscience; et n'osant devenir tout seuls impies, ils attendent d'un exemple ce que leur raison et leur cœur même leur refuse, et par là ils retombent dans une incrédulité bien plus puérile et plus insensée que celle qu'ils reprochent aux fidèles. Un Spinoza, ce monstre qui,

la religion, il ne jugea pas à propos de souffrir Spinoza en France, où il était capable de faire bien du désordre, et pour l'en empêcher, il résolut de le faire mettre à la Bastille. Spinoza, qui en eut avis, se sauva en habit de Cordelier; mais je ne garantis pas cette dernière circonstance. Ce qui est certain est que bien des personnes qui l'ont vu m'ont assuré qu'il était petit, jaunâtre, qu'il avait quelque chose de noir dans la physionomie, et qu'il portait sur son visage le caractère de la réprobation. »

après avoir embrassé différentes religions, finit par n'en avoir aucune, n'était pas empressé de chercher quelque impie déclaré qui l'affermît dans le parti de l'irréligion et de l'athéisme ; il s'était formé à lui-même ce chaos impénétrable d'impiété, cet ouvrage de confusion et de ténèbres, où le seul désir de ne pas croire en Dieu peut soutenir l'ennui et le dégoût de ceux qui le lisent ; où, hors l'impiété, tout est inintelligible, et qui, à la honte de l'humanité, serait tombé en naissant dans un oubli éternel, et n'aurait point trouvé de lecteur, s'il n'eût attaqué l'Être suprême : cet impie, dis-je, vivait caché, retiré, tranquille ; il faisait son unique occupation de ses productions ténébreuses, et n'avait besoin pour se rassurer que de lui-même. Mais ceux qui le cherchaient avec tant d'empressement, qui voulaient le voir, l'entendre, le consulter, ces hommes frivoles et dissolus, c'étaient des insensés qui souhaitaient de devenir impies, et qui, ne trouvant pas dans le témoignage de tous les siècles, de toutes les nations et de tous les grands hommes que la religion a eus, assez d'autorité pour demeurer fidèles, cherchaient dans le témoignage seul d'un homme obscur, d'un transfuge de toutes les religions, d'un monstre obligé de se cacher aux yeux de tous les hommes, une autorité déplorable et monstrueuse qui les affermît dans l'impiété, et qui les défendit contre leur propre conscience (1). »

Qu'on y songe! C'est vers la fin du dix-septième siècle (1698) que Massillon laisse échapper ces brûlantes invectives. Certes, loin d'amortir les haines, le temps les a plutôt envenimées. Spinoza n'est déjà plus simplement un impie. A lire les paroles en-

---

(1) Œuvres. Paris, 1842; 2 vol. in-4. *Sermon pour la quatrième semaine du Carême. — Des doutes sur la religion.* T. I, p. 395.

flammées, et malgré lui calomnieuses, du pieux Oratorien, il est clair que Spinoza est devenu la personnification vivante et comme le héros légendaire de l'impiété.

La doctrine contenue dans ses ouvrages méritait-elle donc tous ces anathèmes?

V

Il va de soi que le génie de Spinoza se trouve ici hors de cause. Evidemment, la géométrie de ses déductions est beaucoup plus factice que réelle, et, somme toute, Spinoza nie ou affirme plus qu'il ne réfute ou ne démontre. Et ainsi, qu'est-ce, après tout, qu'une rigueur, dont la vertu singulière consiste à tirer, et non pas même toujours exactement, de principes erronés ou arbitraires des conséquences arbitraires elles-mêmes ou erronées?

Cette habileté ne mérite guère, ce semble, que l'on s'extasie. Je n'en tiens pas moins, si l'on veut, le philosophe d'Amsterdam pour un des logiciens les plus vigoureux et un des plus subtils raisonneurs qui aient jamais été. — Je n'ai point, d'autre part, à m'occuper du théologien. Je ferai seulement observer qu'il est très-simple que ses écrits théologiques aient soulevé contre lui les chrétiens des différentes communions. Car la divinité du Christianisme y est attaquée sans réserve; parfois même Spinoza l'a niée brutalement (1). « Ici, écrivait Co-

(1) Cf. Bruder, t. II, p. 196, *Epistola* XXI *Oldenburgio*, 1675. « Ceterum quod quaedam ecclesiae his addunt, quod Deus naturam humanam assumpserit, monui expresse, me quid dicant nescire; imo, ut verum fatear, non minus absurde mihi loqui videntur, quam si quis mihi diceret, quod circulus naturam quadrati induerit. » *Ib.*, p. 350. *Epistola* LXXIV *Alberto Burgh.*, 1675. « Atque haec absurda toleranda adhuc essent, si Deum adorares infinitum et aeternum, non illum, quod Chastillon in oppido Tienen, sic a Belgis nuncupato, equis comedendum impune dedit. Et me defles, miser? meamque philosophiam, quam nunquam vidisti, chymaeram vocas? O mente destitute juvenis, quis te fascinavit, ut summum illud et aeternum te devorare et in intestinis habere credas? »

lerus, ici, à La Haye, où le Seigneur a son tabernacle et fait sa demeure, comme au temps d'Abraham dans la plaine de Mamré, il s'est élevé en nos jours un second Goliath, à savoir Benoît de Spinoza, lequel a bien osé entreprendre de combattre la vérité de la résurrection de Jésus-Christ, et a défendu son opinion avec quelque apparence de fondement (1). » Aussi, nul doute que Spinoza n'ait contribué puissamment à frayer les voies où, depuis, ont marché Semler, Eichorn, Ewald, Strauss; tous ces hommes qui se figurent qu'il n'y a plus rien à dire sur ou contre la religion chrétienne, ni de son influence, ni de sa sublimité, ni de son histoire, quand on a prouvé que les Écritures ne sont pas tombées du ciel toutes faites.

Mais laissant de côté le théologien et

---

(1) *La Vérité de la Résurrection de Jésus-Christ*, p. 17.

l'exégète du *Tractatus theologico-politicus*, je ne me propose d'envisager que le philosophe.

Toute la philosophie de Spinoza, si on considère les idées fondamentales qui la supportent, est renfermée dans l'ouvrage qu'il a intitulé *Ethique*, à cause des conclusions morales qu'il poursuit. « *Ethica*, disent ses éditeurs, *alia ejus scripta longis parasangis superat, proque absoluto et perfecto opere haberi potest* (1). » Cet écrit posthume est vraiment le testament qu'il lègue à la postérité ; il y a mis son âme tout entière ; il y a consacré ses suprêmes, ses plus fortes méditations. Et, afin d'assurer à cette œuvre de toute sa vie une inébranlable solidité, il a fini par la réduire à des dispositions géométriques, énonçant d'abord des axiomes et des définitions, et, à

(1) Bruder, t. I, p. 151, *Ethices Præfatio*.

la suite, des théorèmes, d'où naissent des démonstrations, auxquelles se rattachent des lemmes, des scholies et des corollaires. Disons plus, c'est d'une définition unique qu'il fait sortir toute la science de Dieu, de l'homme et du monde. Pour lui, toute philosophie consiste dans la manière d'entendre la nature de la substance. Or, qu'est-ce, d'après Spinoza, que la substance?

Spinoza a divisé son *Ethique* en cinq livres. Le premier traite de Dieu; le second, de la nature humaine; le troisième, des passions; le quatrième, de la servitude humaine; le cinquième, de la liberté humaine.

Dans le premier livre, Spinoza, posant sa définition de la substance, de laquelle découle toute sa doctrine, définit la substance, « ce qui est en soi et ce qui est conçu par soi ». « *Per substantiam intelligo id quod in se est et per se concipitur; hoc est id, cujus conceptus non indiget conceptu alterius rei, a quo formari debeat* (1). »

Définie ainsi, la substance est nécessaire et infinie; nécessaire, puisqu'elle est à soi-même sa raison d'être; infinie, puisqu'elle a la plénitude de l'être. Nécessaire et infinie, la substance est une. Car deux infinis sont contradictoires. Une, elle est indivisible; la substance, c'est Dieu.

Mais sans attributs, une substance serait pour nous un pur néant. Et par attribut, il faut entendre ce que l'intelligence perçoit de la substance comme constituant son essence. « *Per attributum intelligo id quod intellectus de substantia percipit tanquam ejusdem essentiam constituens* (2). »

En outre, une substance infinie ne peut avoir que des attributs infinis. Il en est ainsi de Dieu. Il possède des attributs infinis. Par Dieu, il faut entendre un être absolu-

---

(1) Bruder, t. I, p. 187, *Ethices* pars I, *Definitio* III.
(2) *Id., ibid., Ethices* pars I, *Definitio* IV.

ment infini, c'est-à-dire une substance constituée par d'infinis attributs, dont chacun exprime une essence éternelle et infinie. « *Per Deum intelligo ens absolute infinitum, hoc est, substantiam constantem infinitis attributis, quorum unumquodque æternam et infinitam essentiam exprimit* (1). » Toutefois, dans cette infinité d'attributs, nous n'en pouvons discerner que deux, qui sont l'étendue infinie et l'infinie pensée.

De ce que Dieu a pour attribut l'étendue infinie, il ne s'ensuit pas d'ailleurs que Dieu soit corporel, partant divisible. Spinoza affirme qu'il n'y a que l'étendue finie qui soit divisible. Par son infinité même, l'étendue divine échappe à toute division.

Et, de même que, pour être infiniment étendu, Dieu n'est pas divisible, l'infinie

---

(1) Bruder, t. I, p. 187, *Ethices* pars I, *Definitio* VI.

pensée n'implique pas non plus en Dieu d'entendement. Dieu, en effet, n'a d'autre pensée que son essence même. Ou si, par métaphore, on parle de l'entendement divin, il ne faut pas plus le confondre avec l'entendement de l'homme, que le Chien, signe céleste, ne peut être confondu avec le chien, animal aboyant. Nous avons de la peine, il est vrai, à ne pas rapporter à Dieu nos propres facultés. Mais comment s'en étonner? Si le triangle pouvait parler, ne dirait-il pas que Dieu est éminemment triangulaire, et le cercle que la nature divine est éminemment circulaire?

Étendue infinie sans être divisible, infinie pensée sans qu'il ait d'entendement, Dieu doit être considéré comme libre, pourvu qu'on ne se méprenne pas sur le sens de ce mot de liberté. Croire que Dieu ait à choisir et lui attribuer une liberté d'indifférence, croire qu'arbitrairement il accommode certains moyens à certaines fins, c'est errer grossièrement. La liberté de Dieu est cette vertu qui fait que tout procède de Dieu comme il en procède. Les développements de Dieu sont aussi inhérents à Dieu qu'au triangle ses propriétés. Par conséquent, tout est bien comme il est, ou plutôt tout est pour le mieux. Effectivement, tout vient de Dieu, tout est par Dieu, tout est Dieu. Dieu est la cause efficiente, immanente, de tout ce qui est.

« De la sorte, conclut Spinoza, j'ai expliqué la nature de Dieu et ses propriétés « *his Dei naturam ejusque proprietates explicui;* » j'ai fait voir qu'il existe nécessairement ; qu'il est un ; qu'il est et qu'il agit par la seule nécessité de sa nature ; qu'il est la cause libre de toutes choses et comment ; que tout est en lui et dépend de lui, de telle façon que sans lui rien ne puisse ni être, ni être conçu ; et enfin que tout a été à l'avance déterminé par Dieu, non pas sans doute par un libre vouloir ou un bon plaisir absolu, mais en vertu de l'absolue nature de Dieu ou de son infinie puissance (1). » Spinoza ajoute, il est vrai, qu'il craint que nombre de préjugés n'empêchent de saisir l'enchaînure de ses propositions, *concatenationem*. Et tous ces préjugés se ramènent, suivant lui, à un seul, au préjugé des causes finales. Les hommes, en effet, se figurant être libres, se figurent aussi agir pour une fin; puis, jugeant de Dieu par eux-mêmes, compromettent la perfection de Dieu (*Dei perfectionem tollunt*), parce qu'ils croient que Dieu lui-même agit pour une fin et non point ensuite de sa nature. Car si Dieu agit pour une fin, il recherche nécessairement quelque chose dont il manque. Cette fin paraît

(1) Bruder, t. 1, p. 216, *Ethices* pars I, PROPOS. XXXVI, *Appendix*.

d'ailleurs aux hommes être uniquement leur propre utilité. De là les notions qu'ils se forment du *bien* et du *mal*, de l'*ordre* et de la *confusion*, du *chaud* et du *froid*, de la *beauté* et de la *laideur*, de la *louange* et du *blâme*, de la *faute* et du *mérite*, et qui ne sont que des êtres d'imagination auxquels ils donnent des noms (1).

Quoi qu'il en soit, dans la langue de Spinoza, qui s'approprie la terminologie de Bruno (2), Dieu s'appelle la nature naturante, « *natura naturans* ». Or, si la nature naturante, substance infinie, douée d'une infinité d'attributs, se révèle à nous par les deux attributs de l'infinie étendue et de l'infinie pensée, ces attributs, à leur tour, se manifestent par des modes. Et par mode il faut entendre « les affections de la subs-

---

(1) Bruder, t. I, p. 220; *Ethices* pars I, PROPOS. XXXVI, *Coroll.*

(2) Cf. *Opere di Giordano Bruno, raccolte e pubblicate*

8.

tance, c'est-à-dire ce qui est dans autre chose, par quoi aussi il est conçu ». « *Per modum intelligo substantiæ affectiones, sive id quod in alio est, per quod etiam concipitur* (1). » De là le monde, ou la nature naturée, « *natura naturata* ».

Ce n'est pas qu'il y ait création. Immobile dans sa plénitude infinie, les attributs de la substance sont contemporains de la substance et ne lui cèdent qu'en dignité.

Ce n'est pas davantage qu'il y ait émanation. Tout étant dans tout, tout étant un, entre les modes des attributs et les attributs mêmes, il y a non-procession, mais degrés.

Les modes de l'attribut, qui est l'infinie étendue, sont les corps.

---

da Aldolpho Wagner. Lipsia, 1830; 2 vol. in-8, t. I, p. 202 et sq.: *De la Causa, principio et uno*. Et t. II, p. 1 et sq.: *De l'infinito universo e mondi*.

(1) Bruder, t. I, p. 187, *Ethices* pars I, *Definitio* V.

Les modes de l'attribut, qui est l'infinie pensée, sont les idées, les esprits, les âmes.

Entre les corps, modes de l'étendue infinie, et les âmes, modes de l'infinie pensée, se découvre un parallélisme constant. En effet, la substance pensante et la substance étendue ne font qu'une seule et même substance, qui est comprise tantôt sous l'attribut de la pensée et tantôt sous l'attribut de l'étendue. Les corps et les âmes ne sont donc rien que les modes de deux attributs qui appartiennent à une substance unique (1).

Conséquemment aussi, l'étendue et la pensée étant unies en Dieu d'une union essentielle, toutes choses sont animées, et la dualité de l'âme et du corps se retrouve partout, quoique à des degrés divers. Plus

(1) Bruder, t. I, p. 228, *Ethices* pars II, PROPOS. VII, Schol.

en effet un corps est apte à agir ou à pâtir simultanément en un grand nombre de manières, et plus son âme est apte à percevoir simultanément un grand nombre de choses (1). C'est pourquoi Spinoza, qui accorde une âme, non-seulement aux animaux, mais aux minéraux; qui se trouve même dans l'impossibilité d'assigner l'infinie variété des êtres qui naissent de l'infinie diversité des combinaisons de la pensée et de l'étendue (2); Spinoza reconnaît néanmoins à l'homme une supériorité relative incontestable.

(1) Bruder, t. I, p. 234, *Ethices* pars II, Propos. XIII, *Schol.*

(2) *Id., ibid.*, p. 358; *Ethices* pars IV, Propos. XXXVIII. *Id quod corpus humanum ita disponit, ut pluribus modis possit affici, vel quod idem aptum reddit ad corpora externa pluribus modis afficiendum, homini est utile; et eo utilius, quo corpus ab eo aptius redditur, ut pluribus modis afficiatur, aliaque corpora afficiat; et contra id noxium est, quod corpus ad hæc minus aptum reddit.* — Cf. Bayle, *Dictionnaire*, article *Spinoza* (Q): « Il n'y a point de philo-

Considéré séparément, au milieu de l'universalité des choses, l'homme est un mode complexe de l'étendue et de la pensée divines. En effet, l'être de la substance n'appartient pas à l'essence de l'homme. Ce qui constitue l'essence de l'homme, ce sont certaines modifications des attributs de Dieu (1). Son âme est une idée, une succession d'idées divines. Et comme toute idée a un idéal, c'est-à-dire un objet, le corps est précisément l'objet de cette idée, qui est l'âme. L'âme n'est que le corps se pensant, et le corps n'est que l'âme s'étendant. Le corps humain n'est qu'une partie de la substance

sophe qui ait moins de droit (que Spinoza) de nier l'apparition des esprits. »

(1) Bruder, t. I, p. 230, *Ethices* pars II, PROPOS. X, Coroll. « Hinc sequitur essentiam hominis constitui a certis Dei attributorum modificationibus. Nam esse substantiæ ad essentiam hominis non pertinet. Est ergo aliquid quod in Deo est, et quod sine Deo nec esse nec concipi potest, affectio sive modus, qui Dei naturam certo et determinato modo exprimit. »

en tant qu'étendue; l'esprit humain n'est que l'infinie pensée en tant qu'elle perçoit seulement le corps humain. D'ailleurs, ni le corps ne peut déterminer l'âme à la pensée, ni l'âme le corps au mouvement. Dieu, substance de l'âme et substance du corps, fait l'harmonie de l'âme et du corps. Car rien ne peut survenir en Dieu, étendue de notre corps, qui ne se réfléchisse en Dieu, pensée de notre âme.

Quelles facultés Spinoza accordera-t-il à l'homme ainsi conçu?

En premier lieu, il lui attribue la connaissance. Et cette connaissance est tantôt adéquate, tantôt inadéquate; adéquate comme celle que nous avons de l'esprit, inadéquate comme celle que nous avons du corps. En outre, la connaissance offre des degrés : opinion, imagination, raison. Mais, en tout cas, et l'erreur n'étant qu'une négation, toute connaissance en nous est divine, et toute idée est une idée de Dieu.

Avec cette connaissance telle quelle, l'homme a-t-il quelque liberté? Parler de liberté, c'est, à en croire Spinoza, rêver les yeux ouverts. En effet, la volonté n'est rien que le jugement, et entre pâtir et agir, il n'y a d'autre différence que celle qui sépare l'idée obscure de l'idée claire. Toute autre liberté, qui n'est pas simplement l'idée distincte que nous avons de nos actions en même temps que l'ignorance où nous sommes des causes qui les déterminent, « *actionum conscii et causarum a quibus determinantur, ignari* (1), » est une illusion enfantine, la fantaisie d'un homme ivre, la chimère d'un homme en délire (2). Dieu

(1) Bruder, t. I, p. 276, *Ethices* pars III, PROPOS. II, *Schol.*

(2) *Id., ibid.*, p. 275. « Sic infans se lac libere appetere credit, puer autem iratus vindictam velle et timidus fu-

opère tout en nous. Nous sommes, selon la parole de saint Paul, comme l'argile entre les mains du potier, qui la tourne comme il lui plaît, la destine à de nobles ou à de vils usages (1). L'homme, en un mot, est *un automate spirituel*. Il serait aussi déraisonnable à un homme de se plaindre que Dieu lui ait refusé le courage et l'empire sur soi-même, qu'au cercle, de n'avoir pas les propriétés de la sphère, ou à un enfant qui souffre de la pierre, de n'avoir pas un corps sain. La nature de chaque chose ne comporte rien de plus que ce qui suit nécessairement de sa cause même. Or, ni l'expérience ni la raison ne permettent de nier qu'il n'est pas plus en notre pouvoir d'avoir

---

gam. Ebrius deinde credit se ex libero mentis decreto ea loqui, quæ postea sobrius vellet tacuisse. Sic delirans, garrula, puer et hujus familiæ plurimi ex libero mentis decreto credunt loqui, quum tamen loquendi impetum, quem habent, continere nequeant. »

(1) Bruder, t. II, p. 199, *Epistola* XXIII *Oldenburgio*,

un corps sain qu'un esprit sain (1). Et qu'on n'objecte pas qu'ainsi l'homme se trouvera excusable, puisque, s'il pèche, ce sera par la nécessité de sa nature. Entend-on par être excusable ne point exciter la colère de Dieu? A la bonne heure, car Dieu ne s'irrite point. Entend-on être digne de la béatitude? C'est un non-sens. Un cheval est excusable d'être un cheval et non pas un homme, et cependant il n'en doit pas moins être un cheval et non pas un homme. Celui que la morsure d'un chien a rendu enragé est, sans contredit, excusable, et pourtant c'est à bon droit qu'on l'étouffe. De même aussi celui qui ne peut maîtriser ses passions

---

1676. « Porro homines coram Deo nulla alia de causa sunt inexcusabiles, quam quia in ipsius Dei potestate sunt, ut lutum in potestate figuli, qui ex eadem massa vasa fecit, alia ad decus, alia ad dedecus. (Cf. *Pauli Epist. ad Rom.* IX, 21.) »

(1) Bruder, t. II, p. 203, *Epistola* XXV, *Oldenburgio*, 1676.

est évidemment excusable de la faiblesse de sa nature; il n'en faut pas moins qu'il soit frustré de la vue béatifique de Dieu, et que nécessairement il périsse. C'est tomber dans l'anthropomorphisme que de concevoir Dieu comme un juge qui récompense ou qui punit. Dieu doit être considéré absolument et purement comme Dieu; c'est la qualité de l'œuvre qu'il convient d'apprécier, et non pas la puissance de l'ouvrier, l'œuvre portant aussi nécessairement ses conséquences qu'il est naturel au triangle d'avoir ses trois angles égaux à deux droits (1).

La théorie des passions chez Spinoza convient en perfection avec cette théorie de la liberté. Spinoza définit la passion « l'idée confuse par où l'âme affirme de son corps ou de quelque partie de son corps une plus

---

(1) Bruder, t. II, p. 243, *Epistola* XXXIV, *Guilielmo de Blyenbergh*. 1665.

grande ou plus petite puissance d'être que celle qu'il avait auparavant, et laquelle étant donnée, l'âme elle-même est déterminée à penser à ceci plutôt qu'à cela (1) ». La passion naît du désir. Le désir est l'appétit avec conscience de lui-même, et l'appétit c'est l'essence même de l'homme en tant que déterminée aux actions qui servent à sa conservation (2). L'appétit est donc l'effort naturel que nous faisons pour conserver ou développer notre être. Mille causes extérieures modifient d'ailleurs nos désirs. C'est pourquoi, sans chercher à donner une classification régulière des passions, Spinoza admet autant de passions différentes qu'il y a d'objets divers auxquels peuvent s'appliquer les passions. Car, semblables aux

---

(1) Bruder, t. II, p. 327, *Ethices* pars III, *Affectuum generalis definitio*.
(2) *Id., ibid.*, p. 317, *Ethices* pars III, *Affectuum definitiones, Explic.*

flots de la mer, qu'agitent des vents contraires, nous sommes ballottés, incertains de l'avenir et de notre destinée (1).

Laissées à elles-mêmes, les passions nous jettent dans la servitude la plus dure. Afin de passer de l'esclavage à la liberté, il importe de les régler.

Au vrai, nous ne sommes jamais sans passions, et toujours une passion plus faible cède à une passion plus forte. Pour être sans passions, il faudrait que l'homme fût infini, puisqu'alors il n'aurait pas d'idées obscures.

En effet, c'est par la connaissance, non par la liberté, que nous pouvons modifier nos passions. Nous en serons d'autant plus maîtres que nous aurons des idées plus claires de leur objet. Or, celui qui se serait

---

(1) Bruder, t. I, p. 315, *Ethices* pars III, PROPOS. LIX, *Schol.* « Ex quibus apparet nos a causis externis multis modis agitari, nosque, perinde ut maris undæ a contrariis ventis agitatæ, fluctuare nostri eventus ac fati inscios. »

fait ainsi des idées claires relativement aux objets des passions comprendrait aisément que ce qu'il doit chercher avant tout, c'est ce qui lui est utile. Le bien n'est que l'utile. Le bien et le mal ne répondent à rien de positif dans les choses, considérées en elles-mêmes, et ne sont que des manières de penser ou des notions, que nous formons à la suite de certaines comparaisons. Une seule et même chose peut être dans un même temps bonne et mauvaise, ou même indifférente. Par bien, il faut entendre ce que nous savons certainement nous être utile; par mal, ce que nous savons certainement nous empêcher de jouir de quelque bien; ou encore ce qui est utile ou contraire à la conservation de notre être, ce qui augmente ou diminue, empêche ou favorise notre puissance d'agir (1). La connaissance du bien

---

(1) Bruder, t. I. p. 332, *Ethices* pars IV, *Definitiones* I et II.

et du mal n'est donc autre chose que la passion elle-même, en tant que nous en avons conscience (1).

Est-ce à dire que toute la morale de Spinoza se réduise de la sorte à une restauration de l'Épicurisme? Et cette violente compétition de l'utile ne tend-elle point à rendre impossible la société? Par une volte-face inattendue et un subit détour, Spinoza s'empresse de remarquer qu'il n'y a rien de plus utile à l'homme que l'homme; que les hommes ne peuvent désirer pour la conservation de leur être rien de meilleur que de s'accorder tous en toutes choses, de telle façon que les âmes et les corps de tous ne fassent qu'une âme et qu'un corps, et que tous ensemble, autant qu'il est en eux, ils s'efforcent de conserver leur être et cherchent

---

(1) Bruder, t. 1, p. 337, *Ethices* pars IV, PROPOS. VIII, *Demonstr*.

tous ensemble l'utile commun à tous (1).
D'où vient effectivement que les hommes
sont divisés? C'est qu'ils ne vivent pas conformément à leur nature; et ils ne vivent
pas conformément à leur nature quand ils
ne vivent pas conformément à la raison. Or,
la raison leur commande de chercher le souverain bien qui leur est commun à tous et
dans la possession duquel tous peuvent
goûter une égale félicité. Mais le souverain
bien de la raison est la connaissance, et
toute connaissance implique la connaissance de Dieu. Plus donc un homme con-
naîtra et aimera Dieu, plus il s'efforcera de
faire que les autres hommes le connaissent
et l'aiment; et plus il verra les autres
hommes l'aimer, plus il l'aimera constamment lui-même (2). Par conséquent, tour-

---

(1) Bruder, t. I, p. 344; PROPOS. XVIII, *Schol.*
(2) *Id., ibid.*, p. 354, *Ethices* pars IV, PROPOS. XXXVI,
Schol. « Rideant igitur, quantum velint, res humanas sa-

ner notre esprit vers la contemplation de Dieu; non-seulement convertir nos idées obscures en idées claires, mais encore quitter l'idée de ce qui est périssable afin de nous attacher à l'idée de ce qui est éternel; poursuivre un bien qui est commun à tous et que tous possèdent d'autant mieux que chacun en jouit davantage; assurer ainsi, avec la fin des individus, la fin des sociétés; voilà le précepte par excellence de toute conduite humaine et le secret de tout affranchissement (1). Qu'on se persuade, en outre, que toutes choses ne peuvent être autrement qu'elles sont; que nous sommes

tyrici, easque detestentur theologi, et laudent, quantum possunt, melancholici vitam incultam et agrestem, hominesque contemnant et admirentur bruta : experientur tamen homines mutuo auxilio ea, quibus indigent, multo facilius sibi parare, et non nisi junctis viribus pericula, quæ ubique imminent, vitare posse, ut jam taceam, quod multo præstabilius sit et cognitione nostra magis dignum hominum quam brutorum facta contemplari. »

(1) Bruder, t. I, p. 355. *Ethices* pars IV, PROPOS. XXXVII.

une partie de la nature entière, et que nous suivons l'ordre qui la régit (1). Cette nécessité nous portera à la résignation, qui, s'ajoutant à la vertu, produira une paix inaltérable.

A ces conditions, d'esclave, l'homme devient libre. Ce n'est pas que toute jouissance lui soit interdite. Loin de là; la liberté, c'est la béatitude. Pour l'homme libre, il n'y a de mauvaises que les passions qui engendrent la tristesse. Toutes les passions sont bonnes, qui enfantent la joie. Ce qui messied à l'homme libre, c'est d'être triste. C'est pourquoi il bannira la pitié, qui est une faiblesse; il sera exempt de l'humilité, qui est un abaissement; il chassera le repentir, qui accuse doublement son impuissance, puisqu'il témoigne d'une faute qu'il a commise et qu'il ne peut réparer.

---

(1) Bruder, t. I, p. 387, *Ethices* pars IV, Propos. LXXIII; *Appendix*, cap. XXXII.

La béatitude consiste dans l'amour de Dieu, et personne ne jouit de la béatitude parce qu'il a contenu ses passions; mais c'est, au contraire, le pouvoir de contenir ses passions qui naît de la béatitude elle-même (1). La sagesse n'est point une méditation de la mort, mais de la vie, et l'homme libre ne songe à rien moins qu'à la mort. « *Homo liber de nulla re minus quam de morte cogitat, et ejus sapientia non mortis sed vitæ meditatio est* (2). » Tandis que l'ignorant que la seule passion conduit, outre qu'il est agité par mille causes extérieures et ne goûte jamais une véritable tranquillité d'âme, vit inconscient de lui-même, et de Dieu, et des choses, et en même temps qu'il cesse de pâtir, cesse aussi d'être : le sage, au contraire, conscient, par une sorte d'éternelle nécessité, de lui-même, et de Dieu,

(1) Bruder, t. I, p. 415. *Ethices* pars v, PROPOS. XLII,
(2) *Id., ibid.*, p 377. *Ethices* pars iv, PROPOS. XLVII.

et des choses, ne cesse jamais d'être, mais jouit toujours de la véritable tranquillité d'âme (1).

Il est vrai que, d'après Spinoza, la pensée de l'immortalité n'est aucunement nécessaire à la piété et à la religion. N'obéir aux prescriptions divines que par l'espoir des récompenses et surtout que par la crainte des châtiments qui doivent suivre la mort, de telle manière que sans cette espérance et sans cette crainte on se laissât aller au désordre, ne lui paraît pas moins absurde que si on voulait se rassasier de poisons mortels parce qu'on ne croirait pas pouvoir, pendant toute l'éternité, nourrir son corps de bons aliments (2). Toutefois, Spinoza reconnaît et ne pouvait pas ne pas reconnaî-

---

(1) Bruder, t. I, p. 415, *Ethices* pars v, Propos. LXII, Schol.

(2) *Id.*, *ibid.*, p. 414, *Ethices* pars v, Propos. XLI; Schol.

tre (1) que la destruction n'aura point de prise sur ce qu'il y a de divin dans notre corps, en tant qu'il est un mode de l'infinie étendue, non plus que sur ce qu'il y a de divin dans notre âme, en tant qu'elle est un mode de la pensée infinie. Ce qui subsiste du corps, c'est l'essence même du corps conçue sous la forme de l'éternité, *sub œternitatis specie* (2). Ce qui subsiste de l'âme, c'est aussi ce qui est éternel dans

---

(1) Cf. Bayle, *Dictionnaire*, article *Spinoza* (T). « Un Spinoziste est obligé par son principe à reconnaître l'immortalité de l'âme: car il se regarde comme la modalité d'un être essentiellement pensant. »

(2) Bruder, t. I, p. 404, *Ethices* pars v, Propos. XXIII, *Schol.* « Quamvis non recordemur nos ante corpus exstitisse, sentimus tamen mentem nostram, quatenus corporis essentiam sub æternitatis specie involvit, æternam esse, et hanc ejus existentiam tempore definiri sive per durationem explicari non posse. Mens igitur nostra catenus tantum potest dici durare, ejusque existentia certo tempore definiri potest, quatenus actualem corporis existentiam involvit, et eatenus tantum potentiam habet rerum existentiam tempore determinandi, easque sub duratione concipiendi. » Propos. XXIX et XXX.

l'âme, à savoir la raison, et non pas, comme le croit le commun des hommes, ce qui pâtit dans l'âme, c'est-à-dire l'imagination ou la mémoire (1). D'ailleurs, celui qui a un corps propre à un plus grand nombre de fonctions a, par cela même, une âme dont la plus grande partie est éternelle (2). Car notre âme, en tant que raison, est un mode éternel de la pensée, qui est déterminé par un autre mode éternel de la pensée, et celui-ci à son tour par un autre, et ainsi à l'infini; de telle sorte que toutes les raisons ensemble constituent l'éternelle et infinie raison de Dieu (3).

A l'*Ethique* il faut rattacher le *Tractatus*

---

(1) Bruder, t. I, p. 413, *Ethices* pars v, Propos. xl, *Coroll.*

(2) *Id., ibid.*, p. 412, *Ethices* pars v, Propos. xxxix. « Qui corpus ad plurima aptum habet, is mentem habet, cujus maxima pars est æterna. »

(3) *Id., ibid.*, p. 414, *Ethices* pars v, Propos. xl, *Schol.* « Mens nostra, quatenus intelligit, æternus cogi-

politicus, à la morale la politique de Spinoza.

De même que la puissance de Dieu est la mesure de sa volonté, de même l'homme, dont la puissance, comme celle de toutes les choses naturelles, est la puissance même de Dieu, *ipsissima Dei potentia*, a naturellement autant de droit qu'il a de puissance pour exister et pour agir (1). Tel est l'état de nature. Cet état ne comporte ni péché, ni obéissance, ni justice, ni injustice, ni fidélité à la parole donnée, ni inviolabilité des serments (2).

tandi modus apparet, qui alio æterno cogitandi modo determinatur, et hic iterum ab alio, et sic in infinitum, ita ut omnes simul Dei æternum et infinitum intellectum constituant. »

(1) Bruder, t. II, p. 54, *Tractatus politici* cap. II, 3.

(2) *Id.*, t. I, p. 358, *Ethices* pars IV, Propos. XXXVII, Schol. II. « In statu naturali nihil fit, quod justum aut injustum possit dici. » Cf. *id.*, t. II, p. 58. *Tractatus politici* cap. II, 12. « Fides alicui data, qua aliquis solis verbis pollicitus est se hoc aut illud facturum, quod pro suo

Et assurément, si les hommes étaient raisonnables et qu'ils désirassent le plus ce qui leur est le plus utile, ils n'auraient pas la volonté d'empiéter les uns sur les autres. Mais il n'en va pas ainsi; les hommes obéissent moins à leur raison qu'à leurs passions, et l'homme est naturellement l'ennemi de l'homme : « *Homines in statu naturali hostes sunt* (1). » De cette hostilité naturelle naît la nécessité des gouvernements.

Chaque homme, en échange de la protection qu'il réclame, se dépouille de ses droits. Le gouvernement, dès lors, les possède tous; c'est lui qui fait la justice, et il n'est obligé de trouver bon ou mauvais que ce qu'il décide lui être à lui-même

jure omittere poterat, vel contra, tam diu rata manet, quam diu ejus, qui fidem dedit, non mutatur voluntas. »

(1) Bruder, t. II, p. 67, *Tractatus politici* cap. III, 13, et cap. VI, 3.

bon ou mauvais : « *Nec aliud bonum vel malum habere, nisi quod ipsa civitas sibi bonum aut malum esse decernit* (1). » Il ne peut commettre d'autre faute que celle de s'affaiblir. Les citoyens lui doivent, en tout cas, une passive et complète obéissance; ses ordres fussent-ils iniques, absurdes, les citoyens n'en sont pas moins tenus de les exécuter. « *Omnia summæ potestatis mandata exsequi tenemur, tametsi iniqua*

---

(1) Bruder, t. II, p. 71. *Tractatus politici* cap. IV, 5, et *ibid.*, p. 58, *cap.* II, 14. « Quatenus homines ira, invidia aut aliquo odii affectu conflictantur, eatenus diverse trahuntur et invicem contrarii sunt, et propterea eo plus timendi, quo plus possunt, magisque callidi et astuti sunt quam reliqua animalia, et quia homines ut plurimum his affectibus natura sunt obnoxii, sunt ergo homines ex natura hostes. Nam is mihi maximus hostis, qui mihi maxime timendus et a quo mihi maxime cavendum est. » Cf. *id.*, t. III, p. 10, *Tractatus theologico-polit. Præfatio.* « Atque hinc ostendo eos, qui summum imperium tenent, jus ad omnia quæ possunt habere, solosque vindices juris et libertatis esse, reliquos autem ex solo eorum decreto omnia agere debere. »

censeamus (1). » En un mot, le droit des pouvoirs souverains n'est autre chose que le droit naturel lui-même, que ne détermine plus la puissance de chaque individu, mais de la multitude, obéissant comme à une seule âme; c'est-à-dire qu'à l'égal de l'individu dans l'état de nature, l'empire, corps et âme, a autant de droit qu'il a de puissance (2).

Cependant Spinoza ne laisse pas que de sentir et voudrait tempérer tout ce qu'offre de rebutant une semblable théorie. En con-

---

(1) Bruder, t. II, p. 63, *Tractatus politici* cap. III, 5. Videmus, *unumquemque civem non sui sed civitatis juris esse*, cujus omnia mandata tenemur exsequi, nec ullum habere jus discernendi, quid æquum, quid iniquum, quid pium, quidve impium sit : sed contra, quia imperii corpus una veluti mente duci debet, et consequenter civitatis voluntas pro omnium voluntate habenda est, id quod civitas justum et bonum esse decernit, tanquam ab unoquoque decretum esse censendum est. »

(2) *Id., ibid.*, p. 62, *Tractatus politici* cap. III, *De Jure summarum potestatum*, 2.

séquence, il ajoute qu'encore que le gouvernement puisse faire tout ce qu'il veut, il ne fera jamais que ce qu'il doit. Car, s'il agissait contrairement à la raison, il s'affaiblirait, se détruirait même. Si l'État n'était point assujetti aux lois ou aux règles, sans lesquelles l'État ne serait point l'État, ce ne serait plus une réalité que l'État, mais un fantôme (1). Partant, l'intérêt même du gouvernement devient contre ses abus une garantie.

C'est également au nom de l'intérêt, que Spinoza nie qu'on s'avilisse par une aveugle soumission. Effectivement, la différence est grande entre celui qui obéit pour sa propre utilité et celui qui obéit pour l'utilité d'un maître. Le premier est un sujet, le second est un esclave (2). De plus, Spi-

(1) Bruder, t. II, p. 70, *Tractatus politici* cap. IV, 4.
(2) *Id.*, t. III, p. 212 et sq., *Tractatus theologico-polit.* cap. XVI, 32.

noza réclame, avec la liberté de pensée, le droit de manifester sa pensée, pourvu qu'on n'aille pas à l'encontre des pouvoirs établis. C'est là, à son sens, un droit naturel dont aucun homme ne saurait se départir (1). Aussi bien, les lois qui concernent les choses de pure spéculation ne sont-elles point parfaitement inutiles? Et un gouvernement peut-il avoir influence sur des actions que ne déterminent ni l'espoir des récompenses ni les menaces (2)? D'autre part, en haine du despotisme, préférant à la monarchie absolue une aristocratie (3), et à une aristocratie même une monarchie représenta-

---

(1) Bruder, t. III, p. 262, *Tractatus theologico-polit.* cap. XX. « Ostenditur in libera republica unicuique et sentire quæ velit, et quæ sentiat dicere licere. »

(2) *Id.*, t. II, p. 64, *Tractatus politici* cap. III, 8. « Ex quo sequitur, quod ea omnia, ad quæ agenda nemo præmiis aut minis induci potest, ad jura civitatis non pertineant. »

(3) *Id.*, *ibid.*, p. 100, *Tractatus politici* cap. VIII. *De Aristocratia*, 3.

tive, ou mieux encore, une démocratie, attendu que ce dernier mode de gouvernement est le plus voisin de l'état naturel, « *quod maxime ad statum naturalem accedit* (1), » Spinoza proclame que la fin de l'État ne consiste point à changer les hommes ou des êtres raisonnables en bêtes ou en automates, mais au contraire à faire que leur âme et leur corps accomplissent en sécurité toutes leurs fonctions, et qu'ils usent eux-mêmes d'une libre raison, au lieu de céder à la colère, à la haine, et de lutter entre eux de ruse et d'iniquité. La fin de l'État est donc en réalité la liberté. « *Finis ergo reipublicæ revera libertas est* (2). »

(1) Bruder, t. III, p. 269, *Tractatus theologico-polit*. cap. xx, 37. — *Id.*, t. 2, p. 86, *Tractatus polit*. cap. vii, 5. « Imperium democraticum hoc præcipuum habet, quod ejus virtus multo magis in pace, quam in bello valet. » *Id., ibid.*, p. 134, *Tractatus politici* cap. xi. *De Democratia.*

(2) *Id., ibid.*, p. 264, *Tractatus theologico-polit*. cap. xx, 12.

Le droit international n'est, pour Spinoza, qu'une extension du droit naturel et du droit civil ainsi entendus. Les États se trouvent, à leur tour, assimilés à autant d'individus qui n'ont d'autres bornes à leur vouloir que leur puissance. Spinoza n'hésite même pas à soutenir, tout en se défendant de porter aucune atteinte aux saintes prescriptions de la bonne foi, que les traités ne sont pas plus durables que la cause qui les a produits, à savoir la crainte du dommage ou l'espoir du gain. « *Fœdus tam diu fixum manet, quam diu causa fœderis pangendi, nempe metus damni seu lucri spes in medio est* (1). » Dès lors, c'est la force, non la justice, qui règle les rapports des sociétés.

(1) Bruder, t. II, p. 67, *Tractatus politici* cap. III, 14.

VI

Telle est, dans son ensemble, la doctrine philosophique de Spinoza. Eh bien! je le demande aux esprits les plus prévenus en faveur du Spinozisme. Si l'exposition que je viens d'en faire est fidèle, quoique succincte; si elle repose sur la base inattaquable des textes; si je n'ai rien omis de ce qui constitue ce système et de ce qui le caractérise, ne porte-t-il pas en lui-même sa réfutation?

J'ose dire qu'à accepter même la méthode inacceptable de recherche qu'a choisie Spinoza, à le suivre pas à pas dans le méandre de ses déductions, on se convainc que sa logique est toute formelle et qu'il se heurte perpétuellement à des inexactitudes ou à des contradictions. Nulle part peut-être n'abondent, autant que chez ce géomètre si vanté, les pétitions de principes, les cercles vicieux, ou encore une prodigieuse ignorance du sujet. Chez lui les termes les mieux déterminés perdent leur signification, les vérités les plus claires leur évidence, les certitudes les plus solidement établies leur autorité. Ce n'est d'ordinaire qu'erreur palpable, obscurité et évasion; ou si parfois Spinoza rencontre le vrai et le marque de la forte empreinte de son génie, il faut voir là comme un élan, comme une inspiration de sa noble nature, qui soutient sa raison impuissante et l'empêche d'extravaguer. Cependant, comment reprendre un à un tous ses théorèmes et descendre, afin d'en montrer le vide, dans le détail de ses syllogismes? Ce ne serait rien moins que refaire son propre ouvrage, et à son *Ethique* notamment opposer une autre *Ethique*, à peu près comme à l'*Essai sur l'entendement humain* par Locke Leibniz a opposé ses *Nouveaux Essais*. Travail minutieux, fatigant, insipide, qu'il faut avoir subi, pour parler de Spinoza en connaissance de cause, mais qu'il n'est pas nécessaire ni même très-utile de reproduire. Je me bornerai donc à des observations sommaires, mais, si je ne m'abuse, décisives. M'attachant moins aux développements de la doctrine et à ses conséquences qu'aux principes qui la fondent, j'irai droit au cœur du sujet et reprendrai un petit nombre de points essentiels, sur lesquels Spinoza et les Spinozistes ont toujours été interrogés, sans qu'ils aient jamais fait que balbutier d'insaisissables réponses, ou se renfermer dans un silence de dédain qui tourne directement contre eux. En un mot, j'opposerai au système la réalité, et à des imaginations vaines les lois de la vie.

Il est de mode aujourd'hui, parmi de beaux esprits, de traiter de connaissance subalterne, inférieure, presque grossière, la science des différences. A les en croire, non-seulement tout s'accorde, tout concourt; parlons leur langage, toutes les différences finissent par disparaître, toutes les contradictions même par se concilier; si bien que la vraie, la virile science se trouve être, pour qui entend et applique la dialectique des nuances, la science de l'indifférence ou de l'identité. Et ces rares esprits ne s'aperçoivent pas qu'ils passent du concret à l'abstrait; qu'ils courent après une ombre en abandonnant la réalité; qu'ils confondent l'agissante et féconde unité qui résulte de l'enchaînement, de la pénétration réciproque des êtres dans leur diversité, avec l'immobile et stérile unité d'une substance inqualifiable. Illusion d'optique singulière et qui se reproduit aux extrémités des recherches humaines! Les anciens philosophes grecs, et de tendances d'ailleurs les plus dissemblables, un Thalès, un Xénophane, soutenaient déjà et prétendaient prouver que tout est un. Car leur superficielle analyse n'était point parvenue à dissiper l'éblouissement des premiers regards. Peu à peu, la distinction a succédé à cette confusion. L'apparente unité des choses et des idées a laissé apercevoir les différences ou même les oppositions qu'elle recèle; et ces contrariétés masquant les rapports, l'univers n'a plus été considéré que comme un champ clos occupé par des forces différentes ou même par des agents ennemis. Le dualisme, le polythéisme, n'ont pas d'autre origine. Toutefois, ce ne pouvait être là le dernier terme de la science. A la suite d'une évolution ultérieure, mieux dirigée, plus affermie, l'esprit humain a restitué les rapports un instant brisés; sous les oppositions retrouvé l'harmonie, et, au milieu des contrariétés, un accord qui n'est caché que parce qu'il est profond. Mais quoi! l'unité qui est l'ordre doit-elle donc se ramener à l'unité qui est identité! De ce que les conceptions de l'intelligence réfléchissent les lois des corps, et les lois des corps les conceptions de l'intelligence, s'ensuit-il que la matière et l'esprit ne soient que les deux aspects d'un même et unique objet? Et s'il nous est permis d'affirmer avec réflexion ce que les physiciens de la Grèce proclamaient avec un poétique pressentiment, que tout conspire, σύμπνοια πάντα; s'il se trouve rigoureusement vrai, suivant l'admirable parole des anciens, que l'univers soit beauté, κόσμος; que prouve cet arrangement suprême, sinon qu'il y a un suprême ordonnateur? Ou bien, de ce que tout, dans le monde, nous apparaît disposé en poids, nombre et mesure, sommes-nous autorisés à conclure que tout s'y réduit à des manifestations diversifiées d'une substance unique, et diversifiées sans dessein, c'est-à-dire précisément au chaos? De la sorte, la synthèse a commencé sans les préparations de l'analyse; puis l'analyse s'est développée sans se terminer par la synthèse ; présentement, c'est la synthèse qui affecte de se poser sur les ruines de l'analyse. Au début, synthèse d'ignorance; de nos jours, synthèse intempérante; au début et de nos jours, finalement même excès. Ne serait-il pas temps qu'on professât un respect inaltérable pour ce qu'on pourrait appeler les conditions organiques de la science?

Ce sont ces conditions que Spinoza a tout d'abord absolument méconnues. Son système n'est qu'une synthèse *a priori*, où, reprenant l'antique et trop facile donnée de l'unité de substance, il marche intrépidement d'assertions en assertions, relie tant bien que mal les hypothèses aux hypothèses, et se joue dans le vide, *bombinans in vacuo:* sans soupçonner qu'il n'explique rien, sans tenir compte de nos croyances les plus spontanées et les plus chères, qu'il attaque de front, à tout propos.

Le moyen, en effet, de n'être pas frappé des objections innombrables que soulèvent les théorèmes de Spinoza?

Et vainement les partisans du philosophe Hollandais prendraient-ils des airs mystérieux, et, avec de demi-sourires ou des branlements de tête, objecteraient-ils que leur maître n'est pas compris. « Les sectateurs de Spinoza, remarquait Bayle, n'ont point de meilleure réponse à faire que de dire qu'on ne l'a pas entendu. Or j'attribue à Spinoza d'avoir enseigné : 1° qu'il n'y a qu'une substance dans l'univers; 2° que cette substance est Dieu; 3° que tous les êtres particuliers, l'étendue corporelle, le soleil, la lune, les plantes, les bêtes, les hommes, leurs mouvements, leurs imaginations, leurs désirs sont des modifications de Dieu. Je demande présentement aux Spinozistes : Votre maître a-t-il enseigné cela ou ne l'a-t-il pas enseigné (1) ? »

Après Bayle, je le répète, Spinoza a-t-il enseigné qu'il n'y a qu'une substance, ou ne l'a-t-il pas enseigné ? Nul doute que ce ne soit là le fond de ses enseignements et des commentaires de ses enseignements. Ouvrez son *Ethique,* ou parcourez sa correspondance, tout s'y déduit de cette première assertion. « Ce qu'il me faut démontrer, écrit-il à Oldenbourg, c'est : premièrement, que dans la nature des choses il ne peut exister deux substances qui ne diffèrent de toute leur essence ; secondement , qu'une

---

(1) *Dictionnaire,* article *Spinoza* (DD).

substance ne peut être produite mais qu'il est de son essence d'exister; troisièmement, que toute substance doit être infinie ou souverainement parfaite en son genre (1). »

« Quoi! répond avec beaucoup de sens Oldenbourg, deux hommes ne sont-ils pas deux substances et de même attribut, puisque l'un et l'autre sont doués de raison, et ainsi n'est-il pas clair qu'il peut y avoir deux substances de même attribut? D'un autre côté, soutenir qu'une substance ne peut être produite, non pas même par une autre substance quelconque, n'est-ce point établir que toutes les substances sont causes d'elles-mêmes; qu'elles sont toutes récipro-

---

(1) Bruder, t. II, 145, *Epistola* II, *Oldenburgio*, 1661. « Quod hic demonstrare debeo. — Sunt hæc sequentia : primo, quod in rerum natura non possunt existere duæ substantiæ, quin tota essentia differant; secundo, substantiam non posse produci, sed quod sit de ipsius essentia existere; tertio, quod omnis substantia debeat esse infinita sive summe perfecta in suo genere. »

quement indépendantes les unes des autres, et en faire ainsi autant de Dieux, en même temps que nier la cause première de toutes choses (1)? »

Qu'il ne puisse exister deux substances, qui ne diffèrent de toute leur essence, voilà proprement l'*Achille* de Spinoza, observe Bayle à son tour; « c'est la base la plus ferme de son bâtiment; mais en même temps c'est un petit sophisme, qu'il n'y a point d'écolier qui s'y laissât prendre, après avoir étudié ce qu'on nomme *parva logicalia*, ou les *Cinq Voix* de Porphyre. Il ne faut qu'un petit *distinguo* pour arrêter tout d'un coup la machine de Spinoza. *Non pos-*

---

(1) Bruder, t. II, p. 148, *Epistola* III, *Oldenburgius Spinozæ*, 1661. « Quod ipsum lubens, continue Oldenbourg, fateor me non capere. nisi hanc mihi gratiam facias, ut sententiam tuam de sublimi hoc argumento nonnihil enucleatius et plenius mihi aperias, doceasque, quænam sit substantiarum origo et productio, rerumque a se invicem dependentia et mutua subordinatio. »

sunt dari plures substantiæ ejusdem numero naturæ sive attributi, concedo; non possunt dari plures substantiæ ejusdem specie naturæ sive attributi, nego. Que pourrait dire Spinoza contre cette distinction (1)? »

Aussi bien, l'auteur de l'*Ethique* a-t-il démontré qu'il n'y a qu'une substance? Nullement, il l'affirme par arbitraire et équivoque définition. Car de ce que la substance peut être définie, quand on l'oppose aux accidents, ce qui est en soi et est conçu par soi, « *id quod in se est et per se concipitur;* » il en infère subrepticement et fort à tort que la substance est ce qui est de soi, *a se*, d'où il suit d'une manière à la fois toute logique et tout absurde, qu'une telle définition ne convenant qu'à Dieu seul, Dieu seul est substance. De même encore, l'auteur de l'*Ethi-*

---

(1) *Dictionnaire*, article *Spinoza* (P).

que a-t-il prouvé qu'au sein de l'unique substance se déploient deux mondes parallèles et constamment distincts de la pensée et de l'étendue? Nullement; il l'affirme par arbitraire et illégitime déduction. Car si ces deux mondes sont les modes des attributs de la substance unique, et si un mode est ce qui est dans autre chose et est conçu par cette même chose, « *id quod in alio est, per quod etiam concipitur* (1), » que devient l'unité de substance, ou que deviennent les modes? Ou il y a *altérité* « *in alio,* » et alors dualité de substance; ou il y a unité de substance, et alors les modes sont un pur néant. Dans les deux cas, le Spinozisme reste inintelligible, à s'en tenir aux termes mêmes qu'il emploie. C'est pourtant dans cette logomachie et cette battologie que consistent les prémisses de tout le sorite de l'*Ethique*.

---

(1) Bruder, t. I, p. 187, *Ethices* pars I, *Definitio* V.

Mais passons. Comment, après avoir posé qu'au sein de l'unique substance se distinguent pour nous deux mondes, le monde de la pensée et le monde de l'étendue, comment Spinoza expliquera-t-il les déploiements de ces deux univers? M. Van Vloten estime que c'est se méprendre étrangement que d'attribuer une doctrine d'immobilité et de mort à un philosophe dont le système tout entier n'est qu'un chant joyeux de mouvement et de vie (1). Des assertions admiratives ne sont pas des raisons. Par sa définition de la substance et par les premiers théorèmes qui la suivent, Spinoza s'est mis dans l'impuissance flagrante d'expliquer le mouvement de l'univers des corps. D'un côté, en effet, ce n'est point le

---

(1) Van Vloten, *Supplementum*, *Præfatio*, IV. « Viro cujus universum motu vitaque infinitis gaudet, mortuam quasi quietem obtrudere solent ipsorum tantum opinionis abortum. »

monde de la pensée qui imprime le mouvement au monde de l'étendue; et de l'autre, prise en elle-même, l'idée d'étendue n'implique pas, mais exclut l'idée de mouvement. C'est ce qu'a fort bien remarqué un penseur qui n'est pas suspect, Jean Toland, l'auteur d'*Adeisidémon* et de *Panthéisticon*, l'inventeur même du mot *panthéisme* (1). Dans une de ses *Lettres philosophiques*, Toland affecte de prouver et prouve pertinemment que le système de Spinoza est dépourvu de fondements et pèche dans ses principes, en tant qu'il ne rend pas compte du mouvement (2). Il est vrai que, dans la

---

(1) *Adeisidemon, sive Titus Livius a superstitione vindicatus*, Hagæ Comitis, 1709; in-12. — *Pantheisticon, sive Formula celebrandæ sodalitatis Socraticæ.* Cosmopoli (Lond.), 1720; petit in-8.

(2) *Lettres philosophiques sur l'origine des Préjugés, du Dogme de l'immortalité de l'âme, de l'Idolâtrie et de la Superstition; sur le système de Spinosa et sur l'origine du mouvement dans la matière;* traduites de l'anglais de J. Toland. Londres, 1768, p. 154, *Quatrième Lettre.*

lettre suivante, Toland se charge lui-même de combler cette lacune, en démontrant que le mouvement est essentiel à la matière (1).

Quoi qu'il en soit d'une pareille démonstration, dont la faiblesse a été cent fois mise à nu (2), le mouvement demeure pour Spinoza un nouveau postulat. Allons plus avant. Au mouvement des choses se lie leur variété. Or c'est là une autre idée, que ne comprend pas davantage l'idée seule de l'étendue. Aussi les disciples de Spinoza lui demanderont-ils sur ce point des explications, et Spinoza n'aura à leur adresser que des réponses embarrassées et dilatoires.

« Très-savant ami, lui écrivait de Paris,

---

(1) *Lettres philosophiques*, etc , p. 187, Cinquième Lettre.
(2) Voyez notamment Gerdil, *Recueil cité*, p. 1. *Essai d'une démonstration mathématique contre l'existence éternelle de la matière et du mouvement, déduite de l'impossibilité démontrée d'une suite actuellement infinie de termes, soit permanents, soit successifs.*

en 1676, l'un d'entre eux (Louis Meyer), soyez assez bon pour m'indiquer comment on peut, suivant vos principes, expliquer *a priori*, par le concept de l'étendue, la variété des choses, puisque vous rappelez (en la condamnant) l'opinion de Descartes, qui établit ne pouvoir en aucune manière déduire de l'étendue cette variété, qu'en supposant qu'elle est dans l'étendue un effet du mouvement produit par Dieu. Il ne me semble donc pas que Descartes déduise l'existence des corps de la matière en repos, à moins que vous ne comptiez pour rien la supposition d'un Dieu moteur. Et cependant vous n'avez pas montré comment cette existence doit suivre nécessairement *a priori* de l'essence de Dieu, difficulté que Descartes croyait dépasser la portée humaine (1). »

(1) Bruder, t. II, p. 336. *Epistola* LXXI. Cf. De Murr, *Adnotationes*, p. 29.

« Quant à ce que vous me demandez, répondait la même année Spinoza, si la variété des choses peut *a priori* se démontrer par le seul concept de l'étendue, je crois avoir assez clairement fait voir que cela ne se peut, et c'est pourquoi Descartes définit mal la matière par l'étendue. C'est par un attribut, qui exprime une essence éternelle et infinie, que la matière doit nécessairement être expliquée. Mais un jour peut-être, si je vis, je traiterai avec vous plus à fond de ces choses. Jusqu'à présent, je n'ai eu le loisir de rien mettre en ordre à ce sujet (1). »

Spinoza, qui, du reste, mourait quelques mois après avoir écrit cette réponse, n'a jamais donné et ne pouvait pas fournir des éclaircissements impossibles. Comme l'idée

---

(1) Bruder, t. II. p. 337, *Epistola* LXXII. « De his forsan aliquando, si vita suppetit, clarius tecum agam. Nam huc usque nihil de his ordine disponere mihi licuit. »

du mouvement, l'idée de la variété se trouve être, dès lors, dans son système, un postulat de plus.

Ce n'est pas tout. Non-seulement les corps se meuvent en vertu d'une impulsion initiale, que supprime Spinoza; non-seulement leur variété prodigieuse manifeste un principe de vie que méconnaît Spinoza, mais les corps ont tous une destination. Assurément, on a parfois poussé jusqu'au ridicule la théorie de la finalité, et la considération des causes finales a pu, faisant perdre de vue la recherche des causes efficientes, devenir ainsi, non sans grand dommage, l'asile de l'ignorance (1). Il n'en est pas moins incontestable que si, dans la nature, on ne rencontre pas d'être qui n'ait sa

---

(1) Bruder, t. I, p. 220, *Ethices* pars I; Propos. XXXI, *Appendix*. « Sic porro causarum causas rogare non cessabunt, donec ad Dei voluntatem, hoc est, ignorantiæ asylum confugeris. »

loi, il n'y a pas d'être non plus qui n'ait sa fin. Plus la science pénètre les secrets de la nature; plus l'homme scrute l'immensité des cieux, plus il remue les couches amoncelées du globe qu'il habite, et plus se découvre à lui, à travers la multiplicité indéfinie et les transformations mêmes des êtres, un plan invariablement suivi (1). « *Si stellæ fixæ sint centra simi-*

---

(1) Voyez Albert Gaudry, CONSIDÉRATIONS GÉNÉRALES SUR LES ANIMAUX FOSSILES DE PIKERMI, *extrait de l'ouvrage intitulé* : Animaux fossiles et Géologie de l'Attique d'après les recherches faites en 1855, 1856 *et en* 1860 *sous les auspices de l'Académie des sciences.* Paris, 1866 ; in-8. « Un plan a dominé l'histoire du développement de la vie, écrit M. A. Gaudry, autorisé par ses récentes et belles découvertes; il y a dans la nature quelque chose de plus magnifique que la variété apparente des formes, c'est l'unité qui les relie. Grâce aux recherches paléontologiques qui se font de toute part, des êtres dont nous ne comprenions pas la place dans l'économie du monde organique se montrent à nous comme des anneaux de chaînes qui elles-mêmes se croisent ; on trouve des passages d'ordre à ordre, de famille à famille, de genre à genre, d'espèce à espèce... » P. 33. — Et encore : « Les naturalistes ne

lium systematum, écrivait Newton, *hæc omnia simili consilio constructa suberunt unius dominio* (1). » Spinoza niera-t-il cette finalité? Ou bien s'efforcera-t-il de la déduire de la notion de l'étendue? Suivant Spinoza, rien n'est plus chimérique et contradictoire que d'admettre une finalité qui serait intention. Prétendre en effet que Dieu agit pour fin, c'est affirmer que nécessairement Dieu poursuit ce qui lui manque. A s'exprimer rigoureusement, il n'y a ni bien ni mal. Tout ce qui dans la nature nous paraît ridicule, absurde ou mal, tient uni-

mettent pas la création en doute; au contraire, ils apportent en sa faveur un argument puissant; car, si loin qu'ils suivent le développement des existences dans les temps géologiques, ils entrevoient d'une part une continuité de plan qui atteste un artiste immuable, d'autre part des êtres dont le changement parait la suprême loi : entre ces êtres indéfiniment mobiles et celui qui les façonna, le contraste est trop grand pour qu'ils soient une émanation de sa substance. » P. 61.

(1) *Philosophiæ naturalis Principia mathematica*, etc., 3 vol. in-4, t. III, p. 673, *Scholium generale*.

quement à ce que nous ne connaissons les choses qu'en partie; à ce que nous ignorons presque complétement l'ordre et la cohérence de la nature entière; à ce que nous voudrions que toutes choses fussent dirigées d'après les prescriptions de notre raison; tandis que ce que la raison déclare être un mal n'est point un mal au regard de l'ordre et des lois de la nature universelle, mais seulement au regard des lois de notre seule nature (1). Et de même que la distinction du bien et du mal, les conceptions d'ordre ou de désordre, de beauté ou de laideur ne sont que des préjugés vulgaires qui varient avec la disposition du cerveau, « *pro dispositione cerebri* (2). »

---

(1) Bruder, t. II, p. 57, *Tractatus politici* cap. II, 8.
(2) *Id.* t. I, p. 224, *Ethices* pars I, PROPOS. XXXVI, *Appendix*. « Nec desunt philosophi qui sibi persuadent motus celestes harmoniam componere. Quæ omnia satis ostendunt, unumquemque PRO DISPOSITIONE CEREBRI de rebus judicasse, vel potius imaginationis affectiones pro

Ce que l'un trouve bon, l'autre le trouve mauvais; ce qui semble à l'un de l'ordre paraît à l'autre du désordre; ce qui est agréable à celui-ci est désagréable à celui-là (1). Le beau et le laid changent avec les points de vue et ne sont rien qu'affaire de tempérament ou de perspective (2). En

rebus accepisse. Quare non mirum est quod inter homines tot quot experimur controversiæ ortæ sint, ex quibus tandem scepticismus. Nam, quamvis corpora humana in multis conveniant, in multis tamen discrepant, et ideo id, quod uni bonum, alteri malum videtur; quod uni ordinatum, alteri confusum; quod uni gratum, alteri ingratum est; et sic de cæteris, quibus hic supersedeo, quum quia hujus loci non est de his ex professo agere, tum quia hoc omnes satis experti sunt. Omnibus enim in ore est: quot capita, tot sensus, suo quemque sensu abundare, NON MINORA CEREBRORUM, QUAM PALATORUM ESSE DISCRIMINA; quæ sententiæ satis ostendunt, homines PRO DISPOSITIONE CEREBRI de rebus judicare, resque potius imaginari, quam intelligere. »

(1) Bruder, t. 1. p. 221.
(2) *Id., ibid.* p. 217, *Ethices* pars I; PROPOS. XXXVI, *Appendix.* Cf. *Id.*, t. II, p. 185, *Epistola* XV, *Oldenburgio*, 1665. «Attamen prius monere vellem me naturæ non tribuere pulchritudinem, deformitatem, ordinem neque

somme, les hommes confondent la finalité avec l'utilité, et de ce qu'ils rencontrent en eux et hors d'eux un grand nombre de moyens, qui leur servent à se procurer ce qui leur est utile, par exemple les yeux pour voir, les dents pour mâcher, les herbes et les animaux pour se nourrir, ils sont portés à considérer tous les objets de la nature comme autant de moyens dont leur utilité propre est la fin (1). C'est là une illusion

confusionem. Nam res non nisi respective ad nostram imaginationem possunt dici pulchræ aut deformes, ordinatæ aut confusæ. » *Id., ibid.*, p. 312, *Epistola* LVIII, *Oldenburgio*, 1674. « Pulchritudo non tam objecti quod conspicitur, est qualitas, quam in eo qui conspicit effectus. Si nostri oculi essent vel longiores vel breviores, aut nostrum aliter se haberet temperamentum, ea quæ nunc pulchra, deformia, ea vero quæ nunc deformia, pulchra nobis apparerent. Pulcherrima manus per microscopium conspecta terribilis apparebit. Quædam procul visa pulchra, et e propinquo deformia sunt : adeo ut res in se spectatæ vel ad Deum relatæ, nec pulchræ nec deformes sint. »

(1) Bruder, t. I, p. 217, *Ethices* pars I; PROPOS. XXXVI, *Appendix*.

grossière. Tout est comme il est de toute nécessité, et tout est parfait comme il est (1). Conséquemment, la recherche des causes finales n'est qu'une superstition et presque une folie dont il convient de se guérir (2). On constate, il est vrai, une liaison dans les choses. Mais Spinoza enseigne que cette liaison, dont, aussi bien, il confesse ignorer le fond (3), résulte des seules lois du mouvement et de l'unité même du sujet auquel elles sont inhérentes. Comme si, observe très-bien Kant, alors même qu'on

---

(1) Bruder, t. I, p. 217.
(2) *Id., ibid.*
(3) Bruder, t. II, p. 184, *Epistola* XV, *Oldenburgio*, 1665. « Ubi quæris quid sentiam circa quæstionem, quæ in eo versatur, ut cognoscamus, quomodo unaquæque pars naturæ cum suo toto conveniat et qua ratione cum reliquis cohæreat, puto te rogare rationes, quibus persuademur unamquamque naturæ partem cum suo toto convenire et cum reliquis cohærere. Nam cognoscere quomodo revera cohæreant et unaquæque pars cum suo toto conveniat, id ME IGNORARE DIXI; quia ad cognoscendum requireretur totam naturam omnesque ejus partes cognoscere. »

accorderait que les êtres du monde existent de cette manière, cette unité ontologique pouvait nous faire comprendre une unité de fins (1)! Comme si, ajouté-je, ce n'était point entasser hypothèse sur hypothèse et paralogisme sur paralogisme que de vouloir, au nom d'une aveugle nécessité, dériver du mouvement qui suppose une loi cette loi même, après avoir dérivé de l'étendue le mouvement; et du mouvement et de l'étendue, la variété où s'épanouit la vie de l'univers!

Manifestement, l'explication Spinoziste du monde de l'étendue n'est qu'une indéchiffrable énigme ou un non-sens. Spinoza aura-t-il plus de bonheur dans l'explication qu'il propose du monde de la pensée? si tant est que la science de ces deux mondes puisse être divisée. — L'homme est-il,

---

(1) *Critique du jugement téléologique*; *Dialectique du jugement téléologique*; § 72.

comme le veut l'auteur de l'*Ethique*, une collection d'idées, et non pas une substance, une personne? Est-il soumis à de fatales évolutions, et non pas libre? Son existence n'est-elle que fugitive et comme vasculaire, transformation perpétuelle de la pensée, écoulement perpétuel de l'étendue? N'a-t-il d'autre alternative, dans ses rapports avec ses semblables, que celle d'une guerre sauvage ou d'un esclavage résigné?

A toutes ces questions, Spinoza articule de telles réponses que l'on conçoit mal qu'elles puissent arrêter un instant quiconque a souci de la dignité humaine, et estime ce qu'elles valent de confuses théories.

L'homme, une collection d'idées! Mais y eut-il jamais une collection sans collecteur, une collection sans sujet qui perçoive cette collection, et qui ne soit pas cette collection? Ce collecteur, ce n'est pas l'homme, puisqu'il est la collection; et aussi, parce qu'il est la collection, l'homme n'est pas le sujet qui perçoit la collection. Rapporterons-nous la collection à l'unique substance, qui est Dieu? Pas davantage. C'est de cette substance que proviennent les éléments de la collection. Ce n'est point cette substance qui, de ses propres éléments, forme une collection. Base de cette collection, elle ne saurait en être le lien; non plus qu'elle n'est pas le sujet qui perçoit la collection. Car si cette substance connaît, elle ne peut connaître que la substance et non pas la collection. D'ailleurs, former une collection, se représenter une collection, n'est-ce point réaliser ou considérer une fin? Or Spinoza soutient qu'il n'y a pas de fin dans la nature. Ou encore, toute fin suppose une intention; toute intention une conscience; toute conscience une personne. Or Spinoza ne se montre préoccupé de rien tant que d'établir l'impersonnalité de la substance. Et, contradiction inextricable! c'est pour ne point tomber dans l'anthropomorphisme qu'il se refuse à admettre la personnalité de la substance. Comme si, chez l'homme même, en refusant à l'homme le caractère de substance, il n'avait point radicalement aboli toute personnalité! Qu'est-ce donc, en définitive, aux yeux de Spinoza, que la personnalité? Une aberration. Oui, l'homme se leurre lorsqu'il dit: *je* ou *moi*. Ce moi magique, qui nous place au-dessus des choses, nous soumet le monde et nous pose en face même de Dieu; ce moi d'où procède toute activité, d'où naît toute connaissance, d'où s'épanche tout amour; ce moi n'existe pas. Le moi implique le non-moi; le moi est la racine vivante de toute distinction. Mais sans dualité, pas de distinction. Or tout est un, et la croyance du genre humain, lequel affirme la pluralité des individualités, n'est, en dépit des apparences, qu'un immense et pitoyable vertige !

Avec la personnalité périt, dans le système de Spinoza, la liberté humaine. Et ce philosophe altier n'en ressent ni trouble ni inquiétude. Le contraire de la liberté, ce n'est pas, à l'en croire, la nécessité, mais la contrainte. Loin de se contredire, nécessité et liberté sont identiques. Ou plutôt, tout étant nécessairement comme il est, tout se produit nécessairement comme il se produit, et de même que le sentiment de la personnalité, le sentiment de la liberté doit être taxé d'illusion. C'est la fantaisie d'un enfant, l'hallucination d'un homme ivre, le rêve d'un homme endormi. L'homme n'est pas dans la nature comme un empire dans un empire (1).

---

(1) Bruder, t. II, p. 55, *Tractatus politici* cap. II, 6. « Plerique, ignaros naturæ ordinem magis perturbare, quam sequi credunt, et homines in natura veluti imperium in imperio concipiunt. »

Il suit invariablement les lois de la nature.

Craignez-vous qu'à ce compte ne soient inévitablement ruinées la responsabilité et l'imputabilité, la raison des châtiments et la justice des récompenses? Spinoza répond que l'indéclinable nécessité des choses n'abolit aucunement les lois divines ou humaines. Descartes lui-même n'a-t-il point professé que nous ne faisons rien qui n'ait été à l'avance ordonné de Dieu; bien plus, qu'à chaque moment nous sommes créés à nouveau par Dieu, et que nous n'en agissons pas moins en vertu de notre libre arbitre (1)? D'ailleurs, il y aurait bassesse à regarder, dans ses actions, aux récompenses ou aux châtiments. Nos actes n'en portent

---

(1) Bruder, t. II, p. 295, *Epistola* XLIX, ad I. O. 1671. « Quid ergo de suo Cartesio sentit, qui statuit nihil a nobis fieri, quod a Deo antea non fuerit præordinatum, imo nos singulis momentis a Deo quasi de novo creari, et nihilominus nos ex nostri arbitrii libertate agere? Quod profecto ipso Cartesio fatente comprehendere nemo potest. »

pas moins leurs conséquences, bonnes ou mauvaises, alors même qu'on ne voit point dans ces conséquences la sanction d'une loi. Pour n'être point conçu comme juge, Dieu n'en est pas moins par lui-même souverainement aimable, et ce ne serait point tant aimer Dieu lui-même que le plaisir qu'on trouve à l'aimer, que de céder, en l'aimant, à l'attrait de ce plaisir. Or il n'y a qu'un esclave, il n'y a qu'une âme de boue qui puisse nourrir de tels sentiments (1). Bref, à toutes les arguties du Stoïcisme, ce Juif Portugais mêle tout le galimatias du

---

(1) Bruder, t. II, p. 294, *Epistola* XLIX, ad I. O. 1671. « Verum videre puto IN QUO LUTO HIC HOMO HÆREAT. Nihil scilicet in ipsa virtute et intellectu reperit, quod ipsum delectet, et mallet ex impulsu suorum affectuum vivere, nisi hoc unum obstaret, quod pœnam timet. A malis igitur actionibus, ut SERVUS, invitus ac fluctuante animo abstinet et divina mandata exsequitur, et pro hoc servitio muneribus ipso divino amore longe suavioribus a Deo honorari exspectat, scilicet eo magis, quo magis bonum, quod agit, adversatur et invitus facit. »

pur amour (1). Pourtant, comment ne pas remarquer que là où manque une liberté qui choisit, tombent le mérite et le démérite. « Si nous autres hommes, écrivait en

(1) « Spinoza et Fénelon, si opposés l'un à l'autre, écrivait sournoisement Voltaire, se sont rencontrés dans l'idée d'aimer Dieu pour lui-même. Avec des notions de Dieu si différentes, ils allaient tous deux au même but, l'un en chrétien, l'autre en homme qui avait le malheur de ne pas l'être; le saint archevêque, en philosophe qui est persuadé que Dieu est distingué de la nature; l'autre en disciple très-égaré de Descartes, qui s'imaginait que Dieu est la nature entière. Le premier était orthodoxe, le second se trompait, j'en dois convenir; mais tous deux étaient dans la bonne foi; tous deux estimables dans leur sincérité comme dans leurs mœurs douces et simples, quoiqu'il n'y ait eu d'ailleurs nul rapport entre l'imitateur de l'*Odyssée* et un Cartésien sec hérissé d'arguments; entre un très-bel esprit de la cour de Louis XIV, revêtu de ce qu'on appelle *une grande dignité*, et un pauvre Juif déjudaïsé, vivant avec trois cents florins de rente dans l'obscurité la plus profonde. S'il est entre eux quelque ressemblance, c'est que Fénelon fut accusé devant le Sanhédrin de la nouvelle loi, et l'autre devant une Synagogue sans pouvoir, comme sans raison; mais l'un se soumit et l'autre se révolta. » *Dictionnaire philosophique*. Article *Dieu. Dieux*, sect. III. *Examen de Spinoza*.

1676 Oldenbourg à Spinoza, nous sommes, dans toutes nos actions morales et naturelles, complétement au pouvoir de Dieu et comme l'argile entre les mains du potier, de quel front, je vous prie, aucun de nous peut-il être accusé pour avoir agi de telle ou telle manière, alors qu'il lui a été absolument impossible d'agir autrement? Vous avez touché juste, en pensant que le motif qui me portait à ne point vouloir que cette fatale nécessité de toutes choses fût divulguée était la crainte que l'exercice de la vertu ne vînt à en être diminué, et que les récompenses et les peines ne s'en trouvassent amoindries (1). »

(1) Bruder, t. II, p. 201, *Epistola* XXIV, *Oldenburgius Spinozæ*, 1676. « An non ad unum omnes regerere Deo poterimus : Inflexibile fatum tuum ac irresistibilis tua potestas nos eo adegit, ut sic operaremur, nec operari aliter potuimus; cur igitur et quo jure nos dirissimis pœnis mancipabis, quas nullatenus evitare potuimus, te omnia per supremam necessitatem pro arbitrio et beneplacito tuo operante et dirigente ? »

Quelque rebattue qu'elle soit, cette objection ne souffre pas de réplique, et ce marchand de Dordrecht, qui s'éprit tout à coup de métaphysique, fatigua Spinoza de ses interrogations et finit par publier contre lui un ouvrage mêlé d'injures, *La Vérité de la Religion chrétienne*, Leyde, 1674 (1), Guillaume Van Blyenbergh n'avait certes pas tort de s'en faire une arme (2). Telle est même la force de cet argument irréfragable qu'il oblige parfois le dogmatisme arrogant de Spinoza à biaiser. C'est ainsi qu'en 1671 Spinoza ne pourra s'empêcher d'écrire à Isaac Orobio : « Il suit clairement

---

(1) Cf. Colerus, *La Vie de Spinosa*, p. 109.
(2) Bruder, t. II, p. 218-261 *Epistolæ* XXXI, XXXVIII. — *Ibid.*, p. 249, *Epistola*, XXXV, *Guilielmus de Blyenbergh Spinozæ*, 1665. « Dicis, ut video, probos Deum colere. Verum ex tuis scriptis nihil aliud percipio, quam quod Deo servire tantum sit talia efficere opera, quæ Deus, ut operaremur, voluit. Idem adscribis impiis et libidinosis. Quænam ergo est differentia respectu Dei inter proborum et improborum cultum? »

de mes maximes que Mahomet a été un imposteur; car il supprime absolument cette liberté, qu'accorde la religion catholique, c'est-à-dire la révélation de la lumière naturelle et prophétique, et que j'ai montré devoir être entièrement accordée (1). » Mais ce ne sont là que des concessions furtives, lesquelles cadrent aussi mal avec le caractère de Spinoza qu'avec sa doctrine. La négation de la personnalité humaine entraîne infailliblement après soi la négation de la liberté, et la négation de la liberté la négation de la moralité. Manifestations éphémères, apparences complexes de la substance, phénomènes agités, que pouvons-nous devenir que nous ne soyons fatalement? Notre existence n'est vraiment

(1) Bruder. t. II. p. 297, *Epistola* XLIX, ad I. O. 1671. « Quandoquidem libertatem illam, quam religio catholica lumine naturali et prophetico revelata concedit, quamque omnino concedi debere ostendi, ipse (*Mahometes*) prorsus adimit. »

qu'un mode, lequel ne paraît que pour disparaître. *Natus, denatus*, dit avec une juste et bizarre énergie la légende du portrait de Spinoza, qu'a reproduite de Murr en tête des *Adnotationes*. C'est, au sein de l'océan immense, la vague qui a formé un instant et en un instant se dissout.

Il ne serait pas exact néanmoins de croire que Spinoza nie toute immortalité. Ainsi, ce qu'il y a de divin dans notre corps en tant qu'il est un mode de l'infinie étendue; et de même, ce qu'il y a de divin dans notre âme en tant qu'elle est un mode de la pensée infinie; tout ce fonds impersonnel de notre être ne peut, d'après les principes du Spinozisme, manquer d'échapper à la destruction. Il convient même d'ajouter que Spinoza a, sous quelques rapports, rajeuni cette théorie, vulgaire depuis Aristote, et que professèrent, à leur tour, les Péripatéticiens de la Renaissance, tels que Pomponat, n'estimant pas non plus que la morale eût besoin des sanctions d'une autre vie (1). Suivant Spinoza, en effet, cette immortalité est proportionnée aux aptitudes, si bien qu'il faudrait presque affirmer la mortalité des stupides et ne parler que de l'immortalité des sages. Que nous sommes loin, par conséquent, de cette doctrine d'égalité chrétienne et souveraine, qui met « les Dieux de la guerre, ces hommes invincibles et glorieux, qui ont rempli la terre du bruit de leur nom, à côté du laboureur et du vigneron (2) ! » Que nous sommes loin des enseignements consolateurs, qui nous représentent la vie future comme une consommation

---

(1) *Petri Pomponatii Mantuanii Tractatus de Immortalitate animæ.* 1534; in-18.

(2) Massillon, *Sermon pour le premier dimanche de l'Avent,* SUR LE JUGEMENT UNIVERSEL.

de justice inviolable, où peut-être « le sage, le savant, l'investigateur du siècle sera chassé du côté des animaux immondes, tandis que l'idiot, qui ne savait pas même répondre aux bénédictions communes, sera placé sur un trône de gloire et de lumière (1)! » Qui ne voit enfin que cette immortalité sans conscience, sans mémoire, sans peine ni rémunération personnelle, est incapable d'éveiller en nous ni crainte, ni espérance? C'est, à la lettre, l'immortalité fictive que célébrait madame Deshoulières, lorsque, dans l'*Idylle* intitulée *le Ruisseau*, elle traduisait en petits vers les leçons du Spinoziste d'Hénault :

> « Courez, ruisseau, fuyez-nous, reportez
> Vos ondes dans le sein des mers d'où vous sortez ;
> Tandis que pour remplir la dure destinée
>   Où nous sommes assujettis,
> Nous irons reporter la vie infortunée,
>   Que le hasard nous a donnée,
> Dans le sein du néant d'où nous sommes sortis (2). »

(1) Massillon, *Sermon sur le Jugement universel.*
(2) *OEuvres*, 1693; 1 vol. in-12, p. 159.

On aurait pu espérer que le spectacle des affaires humaines, que la considération des nécessités qu'impose l'existence journalière, rendrait à Spinoza le sens du vrai. Et, en réalité, lorsqu'il s'agit de l'homme social, le philosophe Hollandais abandonne ou contredit plus d'une fois les principes qu'il a d'abord invoqués. Car, après avoir condamné comme une folle illusion toute idée de fin, il assigne à la société une fin; et après avoir, avec tant de vivacité, déclaré indigne de l'homme tout mobile de peine ou de récompense, il ne craint pas d'avancer que les promesses et les menaces sont les seuls ressorts du gouvernement. Cependant il ne parvient, en somme, qu'à remplacer des erreurs par d'autres erreurs. Opiniâtre engagé irrévocablement dans des abstractions systématiques, il traite l'homme social comme il a fait l'homme moral et religieux, et sa *Politique* n'a rien à envier au livre de l'*Ethique*. Au moment même où il annonce expressément qu'il s'agit d'étudier l'homme tel qu'il est et non pas tel qu'il doit être, il l'imagine. Dans sa *Politique*, non moins que dans son *Ethique*, l'homme reste, quoi qu'il fasse, un esclave. En répétant qu'il n'y a d'autre droit que le vouloir, et que l'unique mesure du vouloir est la puissance, il ramène l'état social à l'inflexible jeu, à la lutte fatale d'individualités hostiles, qui ne s'accordent finalement que dans la paix abominable dont parle Tacite, et qu'il flétrit lui-même énergiquement : « *Civitas, cujus pax a subditorum inertia pendet, qui scilicet veluti pecora ducuntur, ut tantum servire discant, rectius solitudo, quam civitas dici potest* (1). » « Un État, dont la paix dépend de l'inertie des sujets, qui sont conduits comme des

---

(1) Bruder, t. II, p. 73, *Tractatus politici* cap. v, *De optimo imperii statu*, 4.

troupeaux, de telle sorte qu'ils n'apprennent qu'à servir, un tel État peut plus justement être dit une solitude qu'un État. »

Sans doute, grâce à une de ces inconséquences qui lui sont si familières, Spinoza stipule en quelque façon, avec une liberté illimitée de pensée, le droit illimité aussi de manifester sa pensée, soit par la presse, soit par la pratique d'une religion. Les paroles, en effet, suivant lui, ne sont pas punissables, mais les actes ; et il exècre l'hypocrisie qui résulte du silence forcé des opinions ou de l'oppression des consciences. Aussi bien observe-t-il avec raison que « plus on prend à tâche d'ôter aux hommes la liberté de parler et plus ils s'indignent contre cette tyrannie et la repoussent, non pas, il est vrai, les avares, les flatteurs et les autres faibles d'esprit, dont le salut suprême consiste à contempler les écus de leur caisse et à avoir le ventre plein, mais les citoyens chez qui une bonne éducation, l'intégrité des mœurs et la vertu ont développé des sentiments de liberté (1). »

Sans doute encore, il avoue que c'est fonder la servitude, non la paix, que de transporter toute la puissance à un seul, « *servitutis, non pacis interest omnem potestatem ad unum transferre* (2); » qu'il est parfaitement impossible de confier à quelqu'un l'absolu pouvoir, et d'obtenir en même temps la liberté, « *rempublicam alicui ab-*

---

(1) Bruder, t. III, p. 267, *Tractatus theologico-polit.* cap. XX., 29. « Quo magis libertas loquendi hominibus adimi curatur, eo contumacius contra nituntur, non quidem avari, adulatores et reliqui impotentes animi, quorum summa salus est nummos in arca contemplari et ventres distentos habere, sed ii, quos bona educatio, morum integritas et virtus liberiores facit. » Cf. *Id.*, t. II, p. 97, *Tractatus politici* cap. VII, 29. « Eorum qui sibi absolutum imperium concupiscunt, hæc unica fuit cantilena, civitatis omnino interesse, ut ipsius negotia secreto agitentur, et alia hujusmodi, quæ quanto magis utilitatis imagine teguntur, tanto ad infensius servitium erumpunt. »

(2) *Id.*, t. II, p. 75, *Tractatus politici* cap. VI, 4.

solute credere, et simul libertatem obtinere, fieri nequaquam potest (1). » Repoussant donc la monarchie absolue, à laquelle il préfère l'aristocratie ; à l'aristocratie même préférant la démocratie ; n'admettant tout au plus qu'une monarchie représentative, il s'efforce d'établir contre les abus du pouvoir des garanties. Notons même qu'il ne cherche pas uniquement ces garanties dans l'intérêt bien entendu du gouvernement, lequel, à mésuser de son autorité, s'affaiblirait. Il a recours, en outre, lorsqu'il traite de la monarchie, à tout un système de dispositions savamment combinées, qui, pour le dire en passant, ne sont pas sans offrir de curieuses analogies avec les articles de la constitution élaborée plus tard par Sieyès.

Mais que ces précautions sont insuffisantes et ces restrictions inefficaces ! L'ab-

---

(1) Bruder, t. II, p. 97. *Tractatus politici* cap. VII, 29.

dication du droit, en effet, ne comporte pas de tempérament. L'absolu pouvoir se joue des constitutions, et l'expérience a depuis longtemps démontré que le respect du devoir est tristement compromis, lorsqu'il n'a d'autre sauvegarde que l'intérêt bien entendu. D'ordinaire, et presque constamment, il arrive que

« Qui peut tout ce qu'il veut, ne fait plus ce qu'il doit (1). »

Spinoza lui-même ne remarque-t-il pas « que les rois ne sont pas des Dieux, mais des hommes, souvent pris au chant des sirènes ? » — « *Reges enim non Dii, sed homines sunt, qui Syrenum capiuntur sæpe cantu* (2). » Et comment dénombrer les sirènes, ou décrire l'infinie variété de leurs chants ?

(1) Corneille.
(2) Bruder, t. II, p. 84, *Tractatus politici* cap. VII. *De Monarchia. Continuatio*, 1.

Cependant il en est, pour Spinoza, du droit international comme du droit civil et du droit politique. La force s'y trouve être l'unique balance des États.

Les traités que les peuples consentent ne durent pas plus que la cause même qui les détermine à les consentir, c'est-à-dire la crainte du dommage ou l'espoir du gain. Que cette crainte tombe, que cet espoir s'évanouisse, et il n'y a ni dol ni perfidie à rompre les conventions. Car c'est une commune condition pour chacun des contractants que le premier qui pourra être hors de crainte puisse aussi reprendre toute sa liberté d'action (1). Le droit est subordonné

---

(1) Bruder, t. II, p. 67. *Tractatus politici* cap. III, 14. « Spe lucri aut metu damni civitatum alterutri adempto, manet ipsa sui juris, et vinculum, quo civitates invicem adstrictæ erant, sponte solvitur, ac proinde unicuique civitati jus integrum est solvendi fœdus, quandocumque vult, nec dici potest, quod dolo vel perfidia agat, propterea quod fidem solvit, simulatque metus vel spei causa sublata est, quia hæc conditio unicuique contrahentium

au fait, ou plutôt il n'y a d'autre droit que le fait. Plus de justice. Est-il besoin d'ajouter : plus de civilisation, plus de progrès?

A quel titre, par conséquent, distinguer de la politique de Hobbes la politique de Spinoza? Évidemment, le dogmatiste du *Léviathan* et de l'*Empire*, le père de cette lignée de pseudo-philosophes et de pseudo-libéraux, qui s'appelèrent Collins, Tindal, Toland, ne diffère guère, à beaucoup d'égards, de l'auteur du *Tractatus theologico-politicus* et du *Tractatus politicus*. Spinoza aura beau repousser une assimilation qu'il semble tenir pour calomnieuse, et se flatter de maintenir dans l'état de société l'état de nature, tandis que Hobbes l'abolit (1). Que prouvent des différences purement verbales,

æqualis fuit, ut scilicet quo prima extra metum esse posset, sui juris esset, eoque ex sui animi sententia uteretur, et præterea quia nemo in futurum contrahit nisi positis præcedentibus circumstantiis. »

(1) Bruder, t. II, p. 298, *Epistola* L, 1674.

et à quoi servent de pénibles subtilités d'exposition, si rien ne se rapproche plus de l'état de société imaginé par le théoricien de Malmesbury, que l'état de nature que prétend conserver le philosophe Hollandais? « Tout homme, écrit Spinoza, qui juge qu'il doit résulter pour lui des engagements qu'il a pris plus de désavantage que d'utilité, et qui estime dès lors qu'il doit les violer, en vertu du droit naturel les violera (1). » Qu'est-ce effectivement « que le *droit* et l'*institution de la nature*, sinon les règles de la nature de chaque individu, selon lesquelles nous concevons que chacun d'eux est déterminé à exister et à agir d'une certaine manière? Les poissons, par exemple, sont déterminés par leur nature à nager, et les grands à manger les petits, et ainsi c'est en vertu d'un droit naturel absolu que les poissons jouissent

---

(1) Bruder. t. II, p. 58, *Tractatus politici* cap. II, 12.

de l'eau et que les grands mangent les petits (1). » Il en est, aux yeux de Spinoza, des hommes comme des poissons. « *Le droit naturel de chaque homme*, conclut-il, n'est pas déterminé par la saine raison, mais par le désir et par la puissance. Tous les hommes en effet ne sont pas déterminés à agir selon les règles et les lois de la raison; mais tous au contraire naissent ignorant de toutes choses, et avant qu'ils puissent connaître la vraie raison de vivre et acquérir l'habitude de la vertu, une grande partie de leur existence, quoiqu'ils aient été bien élevés, se

(1) Bruder, t. III, p. 207, *Tractatus theologico-polit.* cap. XVI, *De reipublicæ fundamentis; de jure uniuscujusque naturali et civili; deque summarum potestatum jure*, 2. « Per jus et institutum naturæ nihil aliud intelligo, quam regulas naturæ uniuscujusque individui, secundum quas unumquodque naturaliter determinatum concipimus ad certo modo existendum et operandum. Exempli gratia, pisces a natura determinati sunt ad natandum, magni ad minores comedendum, adeoque pisces summo naturali jure aqua potiuntur et magni minores comedunt. »

passe, et ils n'en sont pas moins tenus, en attendant, de vivre et de se conserver, autant qu'il est en eux, sous la seule impulsion de l'appétit ; puisque la nature ne leur a donné rien autre chose et leur a dénié l'actuelle puissance de vivre d'après la saine raison, et qu'ainsi ils ne sont pas plus tenus de vivre d'après les lois d'un esprit sain, que le chat d'après les lois de la nature du lion. C'est pourquoi toutes choses, que tout homme, à le considérer sous le seul empire de la nature, juge lui être utiles, soit d'après la dictée d'une saine raison, soit d'après les suggestions de ses passions excitées ; toutes ces choses, quelles qu'elles soient, il lui est permis de les poursuivre au nom du droit souverain de la nature, et de se les procurer par toute espèce de moyens, soit par la violence, soit par la fraude, soit par les prières, soit par telle voie qui lui sera la plus facile ; et, conséquemment, il doit traiter en ennemi quiconque veut l'empêcher de satisfaire son désir (1) ». Non certainement, non, Hobbes n'a rien écrit de plus cruellement inhumain.

Voilà pourtant l'homme que se forge Spinoza; voilà le fantôme que s'est créé ce dialecticien en délire. En vérité, la main se lasse à transcrire et l'esprit se rebute à discuter de pareilles conceptions. Il semble que l'on fasse un mauvais rêve.

(1) Bruder, t. III, p. 208, *Tractatus theologico-polit.* cap. XVI, 7.

VII

Soit, répondra-t-on peut-être. Mais enfin, qu'a-t-on le plus constamment reproché à Spinoza? Son athéisme. Eh bien, cette accusation est à la fois une bévue et une calomnie. Spinoza athée! Mais Novalis avait raison : « Spinoza est ivre de Dieu. » Entendez-le plutôt. « Je pose, écrit-il à Oldenbourg, que Dieu est la cause immanente, et non point transitoire, de toutes choses. Oui, toutes choses sont en Dieu et se meuvent en Dieu ; je l'affirme avec Paul (1) et probablement aussi avec tous les anciens philosophes,

---

(1) « Ἐν τῷ Θεῷ ζῶμεν καὶ κινούμεθα καὶ ἐσμέν. » *Hæc Paulus ad Athenienses.* Vid. *Act.* xvii, 28.

quoique d'une autre manière; et j'oserais même dire avec tous les anciens Hébreux, autant qu'il est permis de le conjecturer d'après certaines traditions, quelque altérées qu'elles puissent être (1). » Ce n'est pas tout. Loin de supprimer Dieu, Spinoza ne déclare-t-il pas qu'il n'y a de substance que Dieu? Le Spinozisme athéisme! Mais, tandis que l'athée conçoit un monde sans Dieu, c'est presque un Dieu sans monde que proclame Spinoza. « Il appartient à notre âge, s'écriait de Murr, de venger les mânes du très-pénétrant Spinoza de la folie des théologastres. Ils appelaient, contre toute raison, son système athéiste; on devrait bien plutôt le dénommer acosmique (2). »

Il faut s'expliquer.

(1) Bruder, t. II, p. 195, *Epistola* XXI, *Oldenburgio*, 1675.
(2) De Murr, *Adnotationes, Præfatio*.

Certes, c'est déjà, pour une philosophie, se condamner elle-même que de récuser le témoignage de la conscience; que d'anéantir tout mérite et tout démérite avec toute liberté; que de détruire toute espérance en une immortalité personnelle. Si les dépositions de la conscience sont mensongères, sur quoi fonder la certitude? Si la liberté est une illusion, comment retenir les saintes prescriptions du devoir et du droit? Si l'immortalité personnelle est une chimère, où est le prix de la vie? De quelque nom qu'on la pare et qu'on la dore, une pareille philosophie n'est qu'un détestable roman de l'âme et non pas son histoire. C'est pourquoi je comprends qu'on abandonne ces côtés ruineux du Spinozisme, pour porter sur sa métaphysique le fort de la discussion. De la métaphysique de Spinoza, en effet, tout découle. D'une métaphysique fantastique il a dérivé sa psychologie, et de sa psychologie déduit sa logique, sa morale, sa politique, sa religion. C'est donc cette prétendue métaphysique qu'il convient d'envisager en elle-même attentivement, et dont il s'agit de décider si elle est ou si elle n'est pas athéisme.

Je ne le cache pas. Cette question, souvent proposée et souvent débattue avec des airs d'importance, m'a toujours fait sourire, et je n'ai jamais mieux reconnu qu'à cette occasion l'utilité de définir les termes qu'on emploie.

Ni ceux qui accusent Spinoza d'être athée, ni ceux qui s'indignent qu'on lui inflige cette imputation flétrissante n'ont songé, au préalable, à s'entendre sur le sens qu'ils attachaient au mot athéisme. Rien néanmoins n'était plus nécessaire. L'athéisme est-il, à la lettre, l'entière négation de Dieu? Il serait superflu d'établir que cette négation n'est pas même possible. Mais je suppose qu'elle le soit, et j'accorderai qu'à le prendre de la sorte, Spinoza n'est pas un athée. Car Spinoza ne nie pas Dieu, et nous rougirions de renouveler contre lui les habitudes d'un autre âge, où tout dissentiment donnait lieu à l'accusation d'athéisme.

L'athéisme, au contraire, n'est-il, à l'envisager comme possible, qu'une erreur si énorme touchant la nature de Dieu, qu'elle renverse la notion même de Dieu et la rende contradictoire? Alors, que de variétés d'athéisme, depuis l'athéisme d'Anaximène et d'Épicure jusqu'à l'athéisme de Parménide et de Zénon; depuis l'athéisme massif des hommes de chair jusqu'à l'athéisme subtil qu'engendre « la vanité de l'intellect triomphant (1)! » Et n'est-il pas fort à craindre qu'on ne soit obligé, quoi

---

(1) F. Hemsterhuis, *OEuvres philosophiques*, 2 v. in-8, Paris, 1792; t. II, p. 279; *Lettre de Dioclès à Diotime sur l'athéisme*.

qu'on en ait, de ranger Spinoza au nombre des illustres athées?

Effectivement, qu'est-ce que Dieu pour Spinoza? Et, en premier lieu, comment Spinoza arrive-t-il à l'idée de Dieu?

Ce qui fait l'âme de la philosophie de Spinoza, c'est manifestement cette vieille et fallacieuse maxime « que rien ne vient de rien, que rien ne peut retourner à rien »; « *gigni de nihilo nihil, in nihilum nihil posse reverti.* » Suivant lui, la création est donc impossible. Il n'admet pas davantage, à proprement parler, qu'il y ait émanation, mais génération, on dirait mieux manifestation et expansion. Car tout est un. Or ce n'est ni par la finalité, ni même par la causalité, qu'au sein de cette unité Spinoza découvre Dieu; qu'il conçoit en tant que Dieu cette unité. Chose singulière! ce philosophe, qui aboutit au naturalisme absolu, débute en imitant Descartes, mais Descartes géomètre, et non point Descartes psychologue (1), par déduire du concept de Dieu l'existence de Dieu. Ou encore, à la manière des Gnostiques, distinguant trois degrés de la connaissance : les sens, l'imagination, la raison; c'est à la connaissance du troisième degré, à une intuition supérieure, aperception immédiate de l'entendement, qu'il rapporte la notion de Dieu.

Spinoza n'éprouve donc aucune difficulté à passer d'un pur concept à l'existence. Leibniz et Kant se sont montrés plus exigeants (2).

(1) On sait que Descartes a développé trois preuves de l'existence de Dieu. Celle qu'il tire de la conception même de l'Être parfait et que lui emprunte Spinoza, avait déjà été exposée par S. Anselme. Elle est sujette à beaucoup de contestations. Au contraire, Descartes avance une preuve irréfragable, lorsque de la connaissance de son propre être qui est fini, il s'élève à la connaissance d'un Être infini. Aussi bien, cette preuve, intuition vive de la conscience dans laquelle se réfléchit la raison, est-elle la preuve Cartésienne par excellence.

(2) Leibniz a pris à tâche de corriger cette preuve, en la

C'est, en outre, un autre axiome fondamental du Spinozisme que « toute détermination est négation » « *omnis determinatio negatio* ». En conséquence, Spinoza devrait s'en tenir à l'illumination inexpliquée, qui lui révèle l'idée d'un être inexplicable, et dont le connu ne saurait consister pour lui que dans l'inconnu. Toutefois, il n'y a pas de jeux dialectiques qui ne cessent misérablement devant la réalité. Et il faut bien que Spinoza en vienne, bon gré mal gré, à disserter de cette réalité qui s'appelle le monde. Le voilà par suite forcé, contrairement à ses principes, de déterminer Dieu et de lui attribuer du moins la pensée et l'étendue, sans autre motif que l'impossibilité même où il se trouve de mettre en oubli l'univers des esprits et l'univers des corps.

complétant, tandis que Kant la rejette de tout point comme une stérile abstraction.

Comment d'ailleurs ne connaissons-nous en Dieu que deux attributs ? Comment cette dualité d'attributs produit-elle une dualité de modes ? Comment et pourquoi Dieu sort-il de son indétermination ? Comment et pourquoi n'en sort-il que pour y rentrer ? Comment enfin cette dualité d'attributs ne compromet-elle en rien l'unité de Dieu ? Ce sont là autant de questions que Spinoza n'a pas même songé à se poser. Tant il est vrai que ce métaphysicien, réputé si sévère, ne suit jamais que sa fantaisie et se contente de peu ! *Paupertina philosophia !*

Ajoutons que, dans les assertions où il lui plaît de se renfermer, d'ordinaire Spinoza se paye de mots.

Qu'est-ce, en effet, que la pensée que Spinoza attribue à Dieu, et qu'est-ce que l'étendue qu'il lui rapporte, pensée infinie et étendue infinie ?

Toute pensée suppose un sujet qui pense et un objet qui est pensé. Or Dieu, d'après Spinoza, n'est pas, à vrai dire, un sujet qui pense; il n'a pas d'entendement, il est pensée. Car s'il était un sujet qui pense, il se penserait lui-même; il serait, avant tout, à lui-même, l'objet de sa pensée. Dieu aurait conscience, il serait personne, ce que nie Spinoza. Inintelligible relativement à son sujet, la pensée infinie n'a d'autre objet que l'étendue infinie.

Mais le maussade et prolixe Blyenbergh était-il donc si déraisonnable de taxer cette étendue infinie d'absurdité; de ne point comprendre ce qu'est l'étendue sans la corporéité ou divisibilité, ni la corporéité sans la limite? Et, de sa part, y avait-il mauvaise foi ou stupidité à conclure qu'en attribuant à Dieu l'étendue, on introduisait en Dieu la corporéité ou divisibilité, partant la limite? Toutefois, c'est à l'égal d'une sotte injure que les défenseurs de Spinoza repoussent cette déduction si simple et si indéclinable tout ensemble. Cuffeler, répétant Malebranche ou se rencontrant avec lui, représente qu'il s'agit, non point d'une étendue qui ait longueur, largeur et profondeur, mais d'une étendue incréée, infinie, indivisible, d'une étendue qui ne s'imagine pas, mais qui se conçoit, d'*une étendue intelligible* (1). Cuf-

---

(1) *Specimen artis ratiocinandi*, etc., p. 222. « Esse absurdissimum, si talis extensio (quantitas longa, lata et profunda, certa aliqua figura terminata) Deo attribuatur; Dei autem extensionem esse increatam, infinitam, indivisibilem quæ proinde nullo modo sub imaginationem sed duntaxat sub intellectum cadit, hoc est non potest imaginari sed debet intelligi. » « Je n'ignore pas, écrit Bayle, qu'un Apologiste de Spinoza (Cuffeler) soutient que ce philosophe n'attribue pas à Dieu l'étendue corporelle, mais seulement une étendue intelligible, et qui n'est point imaginable. Mais si l'étendue du corps que nous voyons et que nous imaginons, n'est point l'étendue de Dieu, d'où est-elle venue, comment a-t-elle été faite? Si elle a été produite de rien, Spinoza est orthodoxe, son nouveau système devient nul. Si elle a été produite de l'étendue intelligible de Dieu, c'est encore une vraie création; car

feler aurait dû nous apprendre comment de cette étendue intelligible, dont apparemment il se faisait quelque idée, résulte l'étendue qui a longueur, largeur et profondeur.

Ainsi, qu'est-ce que Dieu pour Spinoza? Une idole, non des sens, non de l'imagination, mais de la raison. Substance unique, Dieu est tout. En eux-mêmes, et non plus seulement par eux-mêmes ou d'eux-mêmes, ni l'homme ni le monde ne sont rien. Qu'on relègue la création parmi les mythes

l'étendue intelligible n'étant qu'une idée et n'ayant point réellement les trois dimensions, ne peut point fournir l'étoffe, ou la matière de l'étendue formellement existante hors de l'entendement. Outre que si l'on distingue deux espèces d'étendue, l'une intelligible qui appartienne à Dieu, l'autre imaginable qui appartienne au corps, il faudra aussi admettre deux sujets de ces étendues distincts l'un de l'autre, et alors l'unité de la substance est renversée, tout l'édifice de Spinoza s'en va par terre. Disons donc que son Apologiste ne résout pas la difficulté, et qu'il en fait naître de plus grandes. » *Dictionnaire*, article *Spinoza*. (DD.)

d'une religion d'enfants; ce qui est est, et il n'y a d'être que Dieu. D'un autre côté, Dieu est étendu et pourtant incorporel; Dieu pense et n'a pas d'entendement; Dieu est libre et il n'a pas de volonté; Dieu n'est pas une chose et il n'est pas une personne; Dieu, qui est le souverain désirable, est aussi le suprême inconnu; Dieu est l'infini et le fini. Tout procède de Dieu comme il en procède, et conséquemment tout est bien, alors même que tout est mal; ou plutôt, il n'y a ni bien ni mal, de même qu'il n'y a ni beauté ni laideur. Qui débrouillera ce chaos? Qui devinera ces énigmes? Qui lèvera ces contradictions? Ou suffit-il, pour les résoudre, de porter cette monotone et dérisoire affirmation, que tout est un, et que dès lors tout se concilie? « Spinoza, écrivait magistralement Leibniz, Spinoza a prétendu démontrer qu'il n'y a qu'une substance dans le monde, mais ses démonstrations sont pitoyables ou non intelligibles (1). »

Cependant, imaginons que l'on entende ce qu'est cette substance unique. Encore un coup, que devient le monde? Un tissu régulier d'apparences. Que devient l'homme? Un ridicule et fantasmagorique Sosie, pas même un phénomène substantifié. Dieu, du moins, s'enrichira-t-il de ces pertes? Nullement. L'erreur appelle l'erreur, et le Dieu vers lequel pousse Spinoza l'élan d'une mysticité qui est suicide, la foi aveugle en un optimisme d'airain, ce Dieu se trouve l'abstraction en même temps que la plénitude de l'être; indicible puissance qui est tout ce qui est et qui n'est rien de ce qui est; idéal insaisissable tour à tour et animal immense, dont la respiration produit le rhythme fatal de la vie et de la mort,

(1) Erdmann, p. 179, *Considérations sur la doctrine d'un Esprit universel,* 1702.

« Monstrum horrendum, informe, ingens, cui lumen ademptum (1). »

De bonne foi, un tel Dieu est-il le Dieu qu'adore et que peut adorer l'humanité? Et tandis que, à coup sûr, il ne saurait être le Dieu des âmes naïves, des âmes qui souffrent et des âmes qui aiment, se pourrait-il qu'il fût le Dieu des savants? Sans contredit, s'il est une idée accablante pour notre intelligence, c'est l'idée même de Dieu; et s'il y a des questions dont le fond nous demeure impénétrable, ce sont les problèmes qui se rapportent à cette idée de Dieu. En effet, Dieu ne meut pas le monde par le dehors, non plus que ce n'est point assez que « d'accorder à Dieu une chiquenaude. » Dieu, créateur du monde, est vraiment la cause immanente du monde. « *Si ascendero in cœlum, tu illic es ; si descendero ad infernum, ades.* » Or comment Dieu, sans

---

(1) Virgilius, *Æn.*, lib. III, v. 658.

se confondre avec le monde, est-il présent au monde qu'il pénètre dans son entier? Comment le fini peut-il être en face de l'infini; et le libre arbitre qui constitue la personne humaine subsister en présence de l'immédiate action de Dieu? D'où vient que l'unité, sans se détruire, produise la pluralité, et que l'identité ne soit pas altérée par la différence? En somme, et à y réfléchir, qu'est-ce que Dieu ou l'existence de Dieu, et le dernier effort de notre esprit ne consiste-t-il pas à comprendre que Dieu est incompréhensible? « *Scitur melius nesciendo,* » s'écriait saint Augustin. Je m'incline, pour ma part, devant ces saintes obscurités, et j'estime qu'une science loyale, désintéressée, fructueuse, ne doit point hésiter ici à reconnaître qu'invinciblement elle se termine à ne savoir pas. Toutefois, cette ignorance n'est pas absolue. Les limites mêmes en sont mobiles, flottantes, et l'histoire témoigne qu'il est en notre pouvoir de les reculer indéfiniment. Non, la nature humaine n'est point condamnée à n'avoir aucune idée de son auteur. Non, tant de beaux génies qui se sont succédé dans le cours des siècles ne se sont pas consumés en spéculations inutiles. Enfermés dans un cercle infranchissable, ils l'ont du moins élargi. Pourquoi ne point marcher, à leur suite, dans les sentiers de lumière qu'ils nous ont tracés? Surtout, pourquoi sacrifier nos certitudes à nos ignorances, et de bienfaisantes. d'irréfragables vérités à de surannées et désolantes erreurs? Assurément, l'essence de l'être nous reste inaccessible. Mais pour n'avoir qu'une obscure idée de la substance, en avons-nous moins des idées claires de la spiritualité, du mérite, de la moralité? Assurément aussi, Dieu est un Dieu caché. Mais quoi! si son infinité l'enveloppe comme d'un voile impénétrable, s'il se dérobe à nous dans les profondeurs ineffables de sa douce et terrible majesté; les splendeurs d'une nature toujours caduque et toujours rajeunie, nos idées, nos soupirs même, nos cris de joie et de douleur, tous les tressaillements de la vie, ne sont-ce pas là autant de révélations de Dieu? Et si toute langue bégaye à parler de l'Être des êtres, si ce que nous sommes condamnés à ignorer de Dieu dépasse infiniment ce que nous en pourrons jamais savoir, est-ce donc limiter Dieu et n'en faire qu'un homme agrandi, que de lui attribuer, épurées de toute imperfection, élevées au-dessus de toute défaillance, l'amour, la miséricorde, la justice, la liberté, la personnalité?

Que Dieu ne soit pas une personne, et Dieu n'est qu'une chose. Que Dieu ne puisse dire : *moi*, et nous ne pouvons plus lui dire : *toi*. La prière devient un non-sens, le culte une jonglerie, l'espoir en Dieu une hallucination. Dieu n'est plus Dieu ; il est moins qu'un homme, c'est une force brute, le Dieu de Pope :

« Vois, l'univers est grand, il forme un tout immense ;
Son corps c'est la nature, et son âme c'est Dieu (1) ; »

ou le Dieu d'Harold :

« Le Dieu qu'adore Harold est cet agent suprême,
Le Pan mystérieux, insoluble problème,
Grand, borné, bon, mauvais, que ce vaste univers,
Révèle à ses regards sous mille aspects divers ;
Être sans attributs, force sans providence,
Exerçant au hasard une aveugle puissance ;
Vrai Saturne, enfantant, dévorant tour à tour,
Faisant le mal sans haine et le bien sans amour ;
N'ayant pour tout dessein qu'un éternel caprice,
Ne commandant ni foi, ni loi, ni sacrifice,
Livrant le faible au fort et le juste au trépas,
Et dont la raison dit : Est-il ou n'est-il pas (2) ? »

A ce Dieu de Pope et d'Harold, à ce Dieu

---

(1) *Épître* I, § 9, trad. de Delille.
(2) M. de Lamartine, *Le Dernier Chant du Pèlerinage d'Harold.*

des sauvages sans lumière, des logiciens sans principes, des poëtes sans idéal (1) je préfère le Dieu de mon intelligence et de mon cœur, le Dieu de la conscience et de la vie, le Dieu de Newton.

« Dieu, écrivait Newton, tout ébloui de la magnificence des cieux, de l'ordre invariable qui y règne, du libre choix qui s'y manifeste; Dieu existe nécessairement, et de toute nécessité il est toujours et partout. C'est pourquoi aussi il est tout semblable à

(1) Cf. Voltaire, *Dictionnaire philosophique*, article *Dieu. Dieux*, sect. III. *Examen de Spinoza*. « Je sais bien que plusieurs philosophes, et surtout Lucrèce, ont nié les causes finales; et je sais que Lucrèce, quoique peu châtié, est un très-grand poëte dans ses descriptions et dans sa morale; mais en philosophie il me paraît, je l'avoue, fort au-dessous d'un portier de collége et d'un bedeau de paroisse. Affirmer que ni l'œil n'est fait pour voir, ni l'oreille pour entendre, ni l'estomac pour digérer, n'est-ce pas là la plus énorme absurdité, la plus révoltante folie qui soit jamais tombée dans l'esprit humain? Tout douteur que je suis, cette démence me paraît évidente et je le dis. »

lui-même, tout œil, tout oreille, tout cerveau, tout bras, tout puissance de sentir, de comprendre et d'agir, mais non point à la manière humaine, non point à la manière des corps; d'une manière qui nous est absolument inconnue. De même qu'un aveugle n'a pas l'idée des couleurs, de même nous n'avons pas l'idée des modes par lesquels Dieu, qui est souverainement sage, sent et comprend tout. Il est absolument destitué de tout corps et de figure corporelle, et ainsi il ne peut être vu, ni ouï, ni touché, non plus qu'il ne doit être adoré sous la forme d'aucune chose corporelle. Nous avons une idée de ses attributs, mais nous ne connaissons pas le moins du monde ce qu'est la substance d'une chose quelconque. Nous voyons seulement les figures et les couleurs des corps, nous entendons seulement les sons, nous touchons seulement les surfaces extérieures, nous sentons les seules odeurs, et nous goûtons les saveurs : par aucun sens, par aucune action réflexe, nous ne connaissons le fond des substances; et bien moins avons-nous une idée de la substance de Dieu. Nous le connaissons seulement par ses propriétés et par ses attributs, par les très-sages et excellentes structures des choses, en un mot par les causes finales; nous l'admirons à cause de ses perfections, mais nous le vénérons et l'adorons à cause de sa souveraineté. Nous l'adorons en effet comme ses serviteurs, et Dieu sans souveraineté, sans providence et sans causes finales, n'est rien autre chose que le destin et la nature. D'une aveugle nécessité métaphysique, qui est certainement la même partout et toujours, ne naît aucune variété des choses. Toute la diversité des choses appropriées aux lieux et aux temps n'a pu naître que des idées et de la volonté d'un être existant nécessairement. C'est d'ailleurs par allégorie que Dieu est dit voir, entendre, parler, rire, aimer, détester, désirer, donner, recevoir, se réjouir, s'irriter, combattre, fabriquer, fonder, construire. Car tout discours sur Dieu se tire des choses humaines par quelque analogie, imparfaite il est vrai, mais enfin par quelque analogie (1). »

Me sera-t-il permis de compléter ces paroles de l'immortel auteur des *Principia?* Le spectacle de l'âme nous en dit encore plus sur Dieu que le spectacle des astres. Du sentiment profond de sa misère, l'homme s'élève, par un irrésistible élan, vers celui qui peut guérir ses douleurs, le venger des outrages, satisfaire sa soif de félicité. Ce n'est donc plus l'architecte et l'ordonnateur des mondes qu'il adore en

---

(1) *Philosophiæ naturalis Principia*, t. III, p. 674. « Deus sine dominio, providentia et causis finalibus, nihil aliud est quam fatum et natura. »

Dieu; c'est moins encore, comme le veulent les Spinozistes, la nature ou l'abîme ténébreux βυθός; c'est un juge et c'est un père!

VIII

Quand on s'est rendu compte de tout ce qu'il y a d'artificiel, d'erroné, de pernicieux dans la doctrine de Spinoza, on ne peut assez admirer qu'elle ait survécu à son auteur, et l'on s'étonne qu'une philosophie sans entrailles, qu'un système qui repousse, comme autant de préjugés ou de folies, les notions les mieux avérées sur le monde, l'homme et Dieu, ait pu se concilier quelque faveur. Le prestige du génie ne saurait expliquer ici un pareil prodige. Quelque grand qu'il puisse être, le philosophe Hollandais ne possède aucune de ces grâces faciles qui séduisent et captivent les imaginations. Il fatigue plus qu'il ne récrée, il rebute plus qu'il ne charme, et la sombre horreur du livre de l'*Ethique* n'a rien qui soit fait pour attirer le gros des lecteurs. Toutefois, on ne le saurait contester, non-seulement Spinoza a laissé une trace durable; mais, avec le temps, une sorte de tradition Spinoziste s'est même organisée. Il peut être intéressant d'en rechercher les motifs. Je noterai d'abord que le Spinozisme traditionnel n'est rien moins que le Spinozisme original. Car n'arrive-t-il pas presque toujours que l'on disserte de Spinoza d'après les plus vagues données, et qu'on le suit ou qu'on l'abandonne uniquement sur la foi d'autrui? On a d'ailleurs aisément méconnu les prémisses d'où part Spinoza, perdu de vue ses déductions, plus arbitraires, en somme, que rigoureuses; et, laissant de côté les fantômes, on s'est attaché à la réalité, que dissimulent mal les théorèmes d'une métaphysique indiscrète. En d'autres termes, tandis que le Spinozisme original est acosmisme, le Spinozisme traditionnel est naturalisme.

Et cela devait être.

Effectivement, à qui persuadera-t-on, ainsi que le prétendait Spinoza, que le monde n'est rien, que l'homme n'est rien, que Dieu est tout? La conscience refuse invinciblement de se prêter, ne fût-ce qu'un instant, à ces prestiges, on dirait bien à ces momeries de la pensée. Une doctrine aussi outrée ne laisse pas cependant de porter ses fruits. Si Dieu est tout, se disent les esprits qui n'acceptent que les idées claires, sans doute il est quelque chose. Mais s'il est quelque chose, que peut-il être autre chose que l'homme et que les corps? Et cette conclusion, qui s'offre d'elle-même aux simples, s'impose également aux habiles. Car, pour quiconque ne se paye point de phrases et ne s'englue pas dans les formules, comment décliner cette conclusion? Donc la nature est Dieu, donc l'homme est Dieu. « *Spectatum admissi, risum teneatis?* »

Spectacle ridicule en effet, mais affligeant et d'une monotonie désespérante! Leçon sans cesse répétée et qu'on oublie sans cesse! On raffine, on subtilise, on affiche d'incroyables dédains, on se guinde à grand renfort de machines, au-dessus de la réalité vivante, sur les cimes mortes de l'abstraction; et bientôt, bon gré mal gré, on tombe de tout son poids, lourdement, sottement, pour s'y noyer et s'y perdre, dans ce monde de la sensation, dont on avait prétendu s'affranchir. L'expérience journalière l'atteste : le naturalisme devient le terme fatal où échoue le faux mysticisme. C'est là une des pentes par lesquelles l'intelligence humaine se précipite. C'est une de ses tendances les plus entraînantes. Qui l'exprime vivement est assuré de s'illustrer jusque dans l'erreur. Tel est le genre d'illustration que s'est acquis et que garde le Spinozisme, même défiguré.

D'autre part, les circonstances expliquent assez les retours de fortune qu'a éprouves cette doctrine, au dix-huitième siècle et de nos jours.

Quoiqu'on ait grandement abusé, dans ces dernières années, des considérations sur l'esprit des races, il est impossible de nier que le génie de l'Allemagne ne se prêtât d'une manière particulière aux développements du Spinozisme. Les maximes Stoïciennes de Spinoza qui brillent comme autant d'éclairs au milieu de ses syllogismes nébuleux; sa fausse mais enivrante mysticité, notamment ce principe qu'il n'y a qu'une substance; cet amalgame bizarre de morale et de géométrie, de dialectique et d'inspiration; toutes ces savantes rêveries devaient plaire à des intelligences romanesques, dans un temps surtout où les sciences physiques et naturelles avaient pris un merveilleux essor. Spinoza, de plus, ne s'étant point appliqué aux détails de la science de la nature, laissait libre carrière à la philosophie de l'identité. Aussi ne fût-ce pas simplement une réhabilitation de Spinoza qu'entreprirent les Allemands; ce fut presque une apothéose.

C'est au nom de Spinoza que Lessing prononce que tout est un, ἓν καὶ πᾶν. Et vainement Mendelssohn s'exaspère de ce que Jacobi attribue publiquement à l'auteur de *Nathan le sage* et de l'*Education du genre humain* une profession de foi Spinoziste (1).

(1) *Lettres de Jacobi à Mendelssohn sur la philosophie de Spinoza*, 1783-1785. Cf. J. Wilm, *Histoire de la Philosophie Allemande*, 4 vol. in-8, 1847; t. II, *Philosophie de Jacobi*, chap. II, p. 458 et suiv., et p. 620, *Notes et Additions*; *Exposé succinct du système de Spinoza d'après Jacobi*.

L'Allemagne demeure sourde à ses réclamations indignées. Jacobi lui-même (1), Rehberg (2), Heydenrich, Herder applaudissent au Spinozisme de Lessing. Évidemment, ce serait abuser des mots et se jeter, à la suite de Schütz, dans les digressions, que de prêter à Gœthe une philosophie (3). Néanmoins, adversaire déclaré des causes fi-

(1) Voyez Œuvres de M. F. Hemsterhuis, t. II, p. 297, *Lettre de M. F.-H. Jacobi à Hemsterhuis sur Spinoza*. Jacobi ne trouve de rempart contre le Spinozisme que dans le sentiment. « Je laisse là Spinoza, écrit-il à Hemsterhuis en terminant, impatient de me jeter dans les bras du génie sublime qui a dit : « Qu'un seul soupir de l'âme qui se « manifeste, de temps en temps, vers le meilleur, le futur « et le parfait, est une démonstration plus que géométrique « de la Divinité. (Hemsterhuis, t. II, p. 87, *Aristée*.) » Toute la force de mon attention s'est tournée, depuis quelque temps, de ce côté, qu'on pourrait nommer celui de la foi. »

(2) Rehberg, *Über das Verhältniss der Metaphysik zur Religion*, p. 51. « Omnis metaphysica dogmatica ducit ad Spinozæ systema. »

(3) *Gœthe's Philosophie von Fr. K. Jul. Schütz*. Hambourg, 1825 ; 6 vol. in-16.

nales, disciple à la fois de Shakespeare, de Linné et de Spinoza, n'est-il pas certain que c'est l'intime harmonie du monde physique et de l'âme que cherche partout à décrire le poëte de Weimar (1). A lire les ouvrages de Spinoza, il déclare « se sentir pénétré de calme, entouré de clarté (2) », et la doctrine de l'*Ethique*, « son antique asile, » devient le foyer où s'allument les rayons abondants, mais sans chaleur, de son génie. « Comme artiste, et comme poëte, avoue Gœthe, je suis polythéiste; comme naturaliste, au contraire, je suis panthéiste, et l'un aussi décidément que l'autre... Attachez-vous à la substance avec bonheur. La substance est impérissable... C'est l'éternelle unité qui se manifeste sous

---

(1) Cf. *OEuvres scientifiques de Gœthe, analysées e appréciées par E. Faivre.* 1862; in-8, chap. III. *Conceptions générales sur la nature.*

(2) *Mémoires.*

mille formes; le grand en petit, le petit en grand; toute chose selon sa propre loi; sans cesse alternant, se maintenant, près et loin, loin et près; formant, transformant... Pour admirer, je suis là (1) ! » Écoutons Schleiermacher : « Sacrifiez avec moi, s'écrie-t-il, une boucle de cheveux aux mânes du saint et méconnu Spinoza ! le sublime esprit du monde le pénétra; l'infini fut son commencement et sa fin, l'universel son unique et éternel amour; avec une sainte innocence et une humilité profonde, il se mira dans le monde éternel, et en fut lui-même le miroir fidèle; oui, il fut plein de religion et plein de l'Esprit-Saint; et c'est pour cela aussi qu'il est seul, placé à une hauteur où personne n'a encore su l'atteindre, maître en son art, mais élevé au-dessus du monde profane, sans disciples et sans droit de cité,

(1) *OEuvres de Gœthe*, trad. Porchat, t. I, p. 305 et 308.

ohne Bürgerrecht (1). » De son côté, Novalis célèbre sur un ton lyrique les pieux transports de Spinoza. Fichte, Schelling ne font que traduire à leur manière ses enseignements. C'est ainsi que Fichte transforme en réalisme subjectif le réalisme objectif de Spinoza, et pour lui le moi, comme pour Spinoza la substance, devient tout ensemble le monde et Dieu. Quant à Schelling, le seul défaut qu'il reproche au philosophe Hollandais, c'est de n'avoir pas conçu l'idée de la substance sous l'idée du moi. La substance de Spinoza est, à son avis, le non-moi absolu. « Or, conclut-il, puisque le non-moi absolu exclut toute idée du moi, l'opposition entre le moi et le non-moi disparaît dans le système de Spinoza, de sorte qu'on peut dire que ce grand penseur a

---

(1) Cf. J. Wilm, *ouvrage cité*, t. IV, p. 358, *Philosophie dissidente et indépendante*, chap. I. *La Philosophie de Schleiermacher.*

réellement découvert le vrai principe de la métaphysique (1). » — « Voulez-vous être philosophes? déclare à son tour Hégel, commencez par être Spinozistes; vous ne pouvez rien sans cela. Il faut, avant tout, se baigner dans cet éther sublime de la substance unique, universelle et impersonnelle, où l'âme se purifie de toute particularité, et rejette tout ce qu'elle avait cru jusque-là, tout, absolument tout. Il faut être arrivé à cette négation, qui est l'émancipation de l'esprit (2). » Et en même temps que les spéculatifs se relèvent de Spinoza, « l'enivrement de prétendues conquêtes déjà faites, un langage nouveau bizarrement symbolique, une prédilection pour des formules de rationalisme scolastique plus

---

(1) Cf. *Système de l'Idéalisme transcendantal*, trad. par *Grimblot*. 1842, in-8.

(2) Hegel, *Geschichte der Philosophie*, t. III, p. 374 et suiv.

étroites que jamais n'en connut le moyen âge, signalent par l'abus des forces chez une jeunesse généreuse, suivant la remarque de Humboldt, les courtes saturnales d'une science purement idéale de la nature (1). »

Indubitablement, Spinoza aurait eu de la peine à retrouver la doctrine de l'*Ethique* sous les théories alambiquées de ses modernes imitateurs. Et pourtant, en résumé, toutes ces hautes fantaisies métaphysiques ont pour fond le Spinozisme. On y transporte à l'esprit humain les évolutions, que gratuitement et à contre-sens on a d'abord imaginées dans la substance divine. C'est l'idée qui est tout; Dieu et le monde n'en sont que le devenir et le prolongement. Vrais abstracteurs de quintessence, les penseurs allemands, je parle de ceux qui comptent, s'imposent un visible mais impuissant

---

(1) *Cosmos*, traduct. française, t. 1, p. 75. *Introduction.*

labeur, pour ne point tomber à plat dans le naturalisme, par où le Spinozisme finit, et se tenir comme suspendus à la métaphysique, par où il commence.

Au contraire, c'est grâce aux conséquences qu'impliquent ses maximes, que Spinoza parvient à s'insinuer en France, dans ce pays de pratiques esprits. Le comte de Boulainvilliers, sous prétexte de le réfuter, éclaircit ses théories et le préconise (1). Un cuistre famélique, l'abbé Sabatier de Castres, rédige, avec une effronterie qui n'a d'égale que son ignorance, une *Apologie de Spinoza et du Spinozisme contre les athées, les incrédules, et contre les théologiens scolastiques platoniciens* (2). « O le plus mal

---

(1) *Réfutation des erreurs de B. de Spinoza*, par M. de Fénelon, archevêque de Cambray, par le P. Lami, Bénédictin, et par M. le Comte de Boullainvilliers, etc., p. 151 et suiv.

(2) Paris, 1810, in-12, *suivie d'une Lettre à Helvétius* (1766).

jugé des sages, s'écrie cet énergumène, modeste et vertueux Spinoza! pardonne-moi d'avoir aussi partagé l'erreur générale sur tes écrits, avant de les avoir lus, et reçois aujourd'hui le tribut de reconnaissance que je te dois. Si, dans un siècle de corruption et de délire, dans la métropole des talents et des voluptés, sous la chaire même des corrupteurs et des sophistes, je suis resté ferme dans la foi de mes pères, c'est à toi, à ta réunion à cette sainte foi que j'en ai l'obligation (1). » Et l'auteur des *Trois Siècles de la littérature française*, reprenant une comparaison de Spinoza (2), s'enthousiasme d'une philoso-

---

(1) *Apologie*, p. 13.
(2) Bruder, t. II, p. 185, *Epistola* XV, *Oldenburgio*, 1665. « Fingamus jam, si placet, vermiculum in sanguine vivere, qui visu ad discernendas particulas sanguinis, lymphæ, etc., valeret, et ratione ad observandum, quomodo unaquæque particula ex alterius occursu vel resilit, vel partem sui motus communicat, etc. Ille quidem in hoc sanguine, ut nos in hac parte universi, viveret et unamquamque sanguinis particulam ut totum, non vero ut

phie qui enseigne « que nous vivons dans Dieu et par lui, sans connaître son essence et ses attributs, comme les cirons et les vers vivent par nous et dans nous, sans savoir ce que nous sommes (1). » — Tout en déclarant absurde, avec Bayle, « de faire Dieu astre et citrouille, pensée et fumier, battant et battu, » ou de nier « que l'œil ait été fait pour voir, l'oreille pour entendre, l'estomac pour digérer (2), » Voltaire soutient que Spinoza n'est pas aussi dangereux qu'on le dit (3). Ce n'est pas que Spinoza

partem consideraret, nec scire posset, quomodo partes omnes ab universali natura sanguinis moderantur, et invicem, prout universalis natura sanguinis exigit, se accommodare coguntur, ut certa ratione inter se consentiant. »

(1) *Apologie*, p. 114.
(2) *Le Philosophe ignorant*, XXIV, Spinoza; et *Dictionnaire philosophique*, article Dieu. Dieux, Sect. III, *Du Fondement de la philosophie de Spinoza*.
(3) *Dictionnaire philosophique*, ibid. « Vous êtes très-confus, Baruch Spinoza, mais êtes-vous aussi dangereux qu'on le dit? Je soutiens que non, et ma raison, c'est que

ne lui paraisse athée « dans toute la force du terme (1); » ce n'est pas que Spinoza vous êtes confus, que vous avez écrit en mauvais latin, et qu'il n'y a pas dix personnes en Europe qui vous lisent d'un bout à l'autre, quoiqu'on vous ait traduit en français. Quel est l'auteur dangereux? c'est celui qui est lu par les oisifs de la cour et par les dames. » La traduction française dont parle Voltaire est celle du *Tractatus theologico-politicus*, que fit paraître le sieur de Saint-Glain sous trois titres différents : 1° *La Clef du Sanctuaire, par un savant homme de notre siècle. Là où est l'Esprit de Dieu là est la liberté; Deuxième Épître aux Corinthiens*, chap. III, vers. 17. A Leyde, 1678. — 2° *Traité des Cérémonies superstitieuses des Juifs tant anciens que modernes*. A Amsterdam, chez Jean Smith, 1678. — 3° *Réflexions curieuses d'un esprit désintéressé sur les matières les plus importantes au salut, tant public que particulier*. — Quant à l'*Ethique*, elle n'était point traduite en français, au dix-huitième siècle; mais on la connaissait, en cette langue, par le livre de Lucas de La Haye, intitulé : *l'Esprit de M. Spinoza*, etc.

(1) *Le Philosophe ignorant*, XXIV, *Spinoza*. Cf. *Lettre X sur Spinoza*. « Le fait est que Spinoza ne reconnaît point du tout de Dieu, et qu'il ne s'est servi de ce mot sacré que pour ne pas trop effaroucher les hommes; » et LES SYSTÈMES :

> « *Alors un petit Juif, au long nez, au teint blême,*
> *Pauvre, mais satisfait, pensif et retiré,*
> *Esprit subtil et creux, moins lu que célébré,*
> *Caché sous le manteau de Descartes, son maître,*

ne lui semble même « renverser tous les principes de la morale (1); » mais, à l'en croire, « depuis Thalès jusqu'aux professeurs des universités, et jusqu'aux plus chimériques raisonneurs, et jusqu'à leurs plagiaires, aucun philosophe n'a influé seulement sur les mœurs de la rue où il demeurait (2). » Voltaire, sur un ton moitié plaisant, moitié sérieux, laisse même parfois entendre que la doctrine du Juif d'Amsterdam a du bon. « Ce Robinet est encore du fatras; je ne sache que Spinoza

> *Marchant à pas comptés, s'approcha du Grand Être :*
> *« Pardonnez-moi, dit-il en lui parlant tout bas,*
> *Mais je pense, entre nous, que vous n'existez pas :*
> *Je crois l'avoir prouvé par mes mathématiques,*
> *J'ai de plats écoliers et de mauvais critiques :*
> *Jugez-nous... » A ces mots, tout le globe trembla. »*

(1) *Le Philosophe ignorant*, XXIV, *Spinoza*. « L'athéisme ne peut faire aucun bien à la morale, et peut lui faire beaucoup de mal. Il est presque aussi dangereux que le fanatisme. »

(2) *Le Philosophe ignorant*, XXIV, *Spinoza*.

qui ait bien raison; mais on ne peut le lire (1). »

Et en effet, le Spinozisme n'est-il pas une négation ouverte du Christianisme, que le dix-huitième siècle déteste, parce qu'il y voit l'instrument d'une politique discréditée? N'est-il pas, en même temps, une négation secrète du spiritualisme, que le dix-huitième siècle répudie, parce qu'il y voit le support du Christianisme qu'il combat? Toutefois, au dix-huitième siècle, le Spinozisme n'est guère en France qu'une doctrine obscure, que les philosophes repoussent ou adoptent sans la bien connaître. C'est ainsi que le cardinal de Polignac dans son *Anti-Lucrèce* (2), et le cardinal de Ber-

(1) *Philosophie.*
(2) Anti-Lucrèce, liv. III, vers 805 et suiv. :

« Dogmata complexus, partim vesana Stratonis
Restituit commenta, suisque erroribus auxit
Omnigeni Spinoza Dei fabricator, et orbem
Appellare Deum, *ne quis Deus imperet orbi,*
Tanquam esset domus ipsa domum qui condidit, ausus. »

nis dans son *Discours sur la Poésie* (1) (Polignac et Bernis!), en combattent les énonciations les plus générales, tandis que Condillac cherche, par la réfutation des principes sur lesquels repose la première partie de l'*Ethique*, à donner « un exemple sensible de la manière dont se font les systèmes abstraits et des abus où ils entraînent (2). » D'un autre côté, c'est le Spinozisme que reproduit Diderot, lorsqu'il prête sa plume au lourd et diffus auteur du *Système de la Nature;* comme aussi c'est à Spinoza que se rattache Rousseau, soit qu'il parle dans les *Rêveries d'un promeneur solitaire* « de

---

(1) « Cesse de méditer dans ce sauvage lieu :
   Homme, plante, animaux, esprit, corps, tout est Dieu.
   Spinoza le premier connut mon existence :
   Je suis l'être complet et l'unique substance:
   La matière et l'esprit en sont les attributs;
   Si je n'embrassais tout, je n'existerais plus, etc. »

(2) *Traité des Systèmes, où l'on en démêle les inconvénients et les avantages.* 1771; in-12, p. 229, chap. x; *Le Spinozisme réfuté.*

se jeter tête baissée dans le vaste océan de la nature (1), » soit que dans ses *Lettres écrites de la Montagne* (2), il emprunte au *Tractatus theologico-politicus* toute son argumentation contre les miracles, soit enfin que dans sa théorie du *Contrat social* il reprenne quelques-unes des thèses du *Tractatus politicus*. Mais ce ne sont là que des incidents, et la plupart tout littéraires, d'imitation ou de polémique. Nos admirations expansives pour Spinoza nous sont venues plus tard, par contagion, des admirations de l'Allemagne. Après avoir profité des leçons de la prudente Écosse, nous nous sommes lassés de sa timidité et avons battu des mains aux hardiesses acroamatiques des philosophes d'outre-Rhin. Les anti-

---

(1) *Septième Promenade*. Voyez dans mes *Portraits et Études*, 1863; in-12, nouv. édit., p. 134, J.-J. ROUSSEAU, LES CHARMETTES.

(2) *Lettres* II et III.

thèses du subjectif et de l'objectif, du moi
et du non-moi, du fini et de l'infini, que
résout la synthèse de l'identité, ont été considérées par nous comme une sorte de révélation, et nous avons subi, à notre tour,
la fascination suprême de l'*Idée*. Il est vrai
que, chez les sages, cet engouement n'a
pas duré. Aussitôt que s'est élevé contre eux le soupçon de panthéisme, cette
imputation les a fait bondir. Ils ont donc
mis empressement à désavouer tout ce qui,
de près ou de loin, aurait pu motiver une
pareille accusation, et s'ils ont persisté à
glorifier le génie d'un Fichte, d'un Schelling et d'un Hégel, c'est-à-dire des disciples les plus illustres de Spinoza, ils n'en
ont pas moins répudié l'ensemble de leurs
doctrines. Cependant, banni promptement
des sphères supérieures de la science, le
Spinozisme a pénétré dans les basses et
moyennes régions des lettres et de l'utopie.

Il en est devenu la métaphysique ambiante, et a constitué pour les âmes comme une stupéfiante atmosphère. Artisans de fables et novateurs, contemplatifs candides et chercheurs de religion, en ont professé à l'envi les maximes. Parmi les romanciers, que dit l'un d'entre eux? Je ne choisis pas même au nombre des plus célèbres, et je cite presque au hasard. « Oui, il y a un Dieu, non un Dieu comme on vous le peint dans les églises, mais un Dieu qui vous entoure, dont vous faites partie vous-mêmes; un Dieu qui est tout, depuis la pierre cachée dans les entrailles de la terre jusqu'à ce nuage jaune qui glisse en légère vapeur devant la lune; un Dieu que vous aspirez en humant l'air et le parfum des chênes; un Dieu qui est à la fois l'eau qui coule et le vent qui mugit, et la fleur qui s'ouvre au soleil, et le soleil qui la fait s'ouvrir, et l'abeille qui se roule dans le calice des fleurs... Ce Dieu, hasard, nature, vous ne pouvez l'offenser (1). »

Cette étrange et grossière ontologie, à l'aide de laquelle des écrivains fantasques cherchent à rehausser la trame fanée de leurs fictions, est précisément la même dont s'autorisent les apôtres de nouveautés.

« Dieu est un, écrivait M. Bazard, définissant le Dieu saint-simonien; Dieu est tout ce qui est; tout est en lui, tout est par lui, tout est lui. Dieu, l'être infini, universel, exprimé dans son unité vivante et active, c'est l'amour infini, universel, qui se manifeste à nous sous deux aspects principaux, comme esprit et comme matière, ou comme intelligence et comme force, comme sagesse et comme beauté. L'homme, représentation finie de l'être infini, est, comme lui, dans son unité active, amour; et dans

---

(1) M. Karr, *Le Chemin le plus court*, 1836.

les modes, dans les aspects de sa manifestation, esprit et matière, intelligence et force, sagesse et beauté (1). » Et encore : « L'idée de Dieu n'est pour l'homme que la manière de concevoir l'unité, l'ordre et l'harmonie, de se sentir une destination et de l'expliquer (2). »

Plus tard, abrégeant cette définition : « Dieu est tout ce qui est, disait M. Enfantin ; tout est en lui, tout est par lui. Nul de nous n'est hors de lui, mais aucun de nous n'est en lui. Chacun de nous vit de sa vie, et tous nous communions en lui, car il est tout ce qui est (3). »

---

(1) *Exposition de la Doctrine saint-simonienne,* première année, p. 413.

(2) *Exposition de la Doctrine saint-simonienne,* deuxième année, p. 88.

(3) Cf. M. Louis Reybaud, *Études sur les Réformateurs ou Socialistes modernes.* 1844, 4ᵉ édit.; 2. vol. in-8, t. 1, p. 72. — Voyez aussi P. *Enfantin,* 1858; H. *Saint-Simon,* 1813; *Science de l'Homme, Physiologie religieuse,* 1858, grand in-8, p. 199. M. Enfantin écrit cependant, p. 152 :

Loin de moi la pensée de répéter de banales déclamations contre de jeunes hommes au noble cœur, plusieurs d'un esprit éminent, qui surent, au nom d'une foi active, dédaigner ce que le commun des hommes recherche, braver la mauvaise fortune (1), affronter un ridicule mortel, et, malgré tout, imprimer à la société de leur temps une puissante secousse.

Mais enfin, sans parler de ses écarts les plus regrettables, cette jeunesse enthousiaste, qui, plus tard, devait, retrouvant

---

« Je crois à la perpétuité de ma *personnalité* à travers les siècles, dans le passé et dans l'avenir. » Et il ajoute, à la page suivante, sans craindre de se contredire : « J'ai foi que chaque molécule de mon être porte en elle la substance de ma vie et pénètre l'universalité des êtres, car elle est elle-même la substance de *Dieu universel.* »

(1) Voyez, en cours de publication, *Les Œuvres de Saint-Simon et d'Enfantin, publiées par les membres du conseil institué par Enfantin pour l'exécution de ses dernières volontés et précédées de notices historiques.* Paris, 1865-1866, t. I.

sa voie, appliquer ses forces vives à l'industrie, à l'économie politique, aux lettres, à la science; cette jeunesse enthousiaste, qui me remet en mémoire les derniers Alexandrins, errait complétement, *toto cœlo*, en métaphysique. Et son erreur a un nom fort connu : elle s'appelle le naturalisme ou le panthéisme.

Est-ce à dire qu'il faille exclusivement rapporter aux influences de l'Allemagne Spinoziste, sinon à l'étude directe de Spinoza, cette propagation en France des idées panthéistiques? Non, sans doute. Je l'ai déjà observé : le panthéisme est une des tendances spontanées et des plus entraînantes de l'esprit humain. Que le Spinozisme ait contribué à y incliner les intelligences, cela n'est pas douteux. Mais c'est encore à une autre cause, beaucoup plus déterminante et beaucoup plus radicale, qu'il convient, selon moi, d'attribuer ce résultat. Je la découvre dans nos mœurs politiques et sociales. J'estime, avec M. de Tocqueville, que l'esprit démocratique a plus que quoi ce soit accrédité en France le panthéisme. « A mesure, écrivait l'éminent auteur de *la Démocratie en Amérique*, à mesure que les conditions deviennent plus égales, chaque homme en particulier devient plus semblable à tous les autres, plus faible et plus petit; on s'habitue à ne plus envisager les citoyens, pour ne considérer que le peuple; on oublie les individus, pour ne songer qu'à l'espèce.

« Dans ce temps, l'esprit humain aime à embrasser à la fois une foule d'objets divers; il aspire sans cesse à pouvoir rattacher une multitude de conséquences à une seule cause. L'idée de l'unité l'obsède, il la cherche de tous côtés, et, quand il croit l'avoir trouvée, il s'étend volontiers dans son sein et s'y repose. Non-seulement il en vient à ne découvrir dans le monde qu'une création et un créateur; cette première division des choses le gêne encore, et il cherche volontiers à grandir et à simplifier sa pensée en renfermant Dieu et l'univers dans un seul tout. Un pareil système, quoiqu'il détruise l'individualité humaine, ou plutôt parce qu'il la détruit, aura des charmes secrets pour les hommes qui vivent dans les démocraties; toutes leurs habitudes intellectuelles les préparent à le concevoir et les mettent sur la voie de l'adopter. Il attire naturellement leur imagination et la fixe; il nourrit l'orgueil de leur esprit et flatte leur paresse (1). »

On ne saurait s'y tromper. Ce n'était pas sans tristesse que l'éloquent publiciste consignait ces réflexions. Le panthéisme lui semblait un mal très-grave, et il le signa-

---

(1) Tocqueville, *De la Démocratie en Amérique*, t. II, chap. VIII, p. 33.

lait comme un danger public, qu'il était urgent de conjurer. « C'est contre lui, concluait-il, que tous ceux qui restent épris de la grandeur de l'homme doivent se réunir et combattre (1). »

D'où vient pourtant qu'à cette heure, ce mal est si peu senti et ce péril si négligé, quoique permanent? D'où vient surtout que, tandis que l'Allemagne désabusée se détache de plus en plus du Spinozisme et du panthéisme, pour se tourner vers le monde de la conscience, pour revenir au spiritualisme, pour continuer en un mot la vraie science que fondent les données du sens commun, qu'éclaire l'histoire, que précise et développe la réflexion (2); d'où vient qu'il

(1) Tocqueville. *De la Démocratie*, etc., t. II, chap. VIII, p. 33.

(2) Pendant un voyage que je faisais, il y a quelques années, en Allemagne, je demandais, à Bonn, au Nestor de l'érudition philosophique allemande, au respectable et aimable M. Brandis, quel était, pour lors, le système dominant

se manifeste en France une sorte de renaissance du Spinozisme et du panthéisme? Sans doute on répudie hautement quelques-unes des suites les plus déplorables du Spinozisme et du panthéisme. Mais si l'on en maintient les principes, que valent ces protestations? Sans doute on affecte de se réfugier dans une métaphysique dont on nie qu'elle soit identique au Spinozisme et au panthéisme. Mais si l'on rejette un Dieu créateur, si l'on change finalement la métaphysique en physique, que signifient ces dénégations?

dans les Universités de la Confédération Germanique. « Aucun système n'y domine, me répondit, après quelque hésitation, l'éminent exégète d'Aristote, aucun. Ou, en somme, est-ce peut-être la doctrine d'Herbart qui prévaut en ce moment. » Ni mes observations personnelles, ni les publications les plus connues de l'Allemagne, si on excepte des ouvrages de physiologie, ne contredisent cette appréciation. C'est ainsi qu'à Gœttingue, j'ai trouvé un philosophe, dont la réputation s'établit chaque jour davantage, M. Lotz, expressément attaché aux traditions leibniziennes.

Ceux qui, de nos jours, sous prétexte et avec le désir d'avancer la science, renouvelant le panthéisme Spinoziste, qu'on l'appelle naturalisme ou positivisme, peu importe, s'éprennent des dires de M. Darwin (1), de M. Büchner (2), de M. Charles Vogt, ou de M. Moleschott (3), savent-ils qu'ils travaillent à restaurer les basses et ineptes théories de Maillet, de d'Holbach, de La Mettrie, de Broussais? Le savent-ils? — Ceux qui, de nos jours, sous prétexte et avec le désir d'élargir les cœurs, de dissiper les ténèbres qui couvrent les intelligences, ramènent toute l'anthropologie à la physiologie,

(1) *De l'Origine des espèces, ou des Lois du progrès chez les êtres organisés,* trad. de l'anglais par mademoiselle Clémence Royer; 1862, in-12.

(2) *Force et Matière,* trad. de l'allemand, par L.-F. Gumper; 1863, in-12.

(3) Personne n'ignore que M. Moleschott, auteur de nombreux écrits de chimie et de physiologie, compte, à côté de M. Charles Vogt, parmi les chefs de l'école matérialiste en Allemagne.

réduisent toute recherche à l'empirisme, confondent toute religion avec la superstition, se doutent-ils qu'ils poussent le monde, autant qu'il est en eux, à un brutal égoïsme, à la décadence, à la barbarie? S'en doutent-ils? Ou bien, croient-ils parler et écrire pour une planète déserte? — Ceux, enfin, qui, de nos jours, sous prétexte et avec le désir d'émanciper les volontés, se portent les champions d'une morale qu'ils nomment indépendante, soupçonnent-ils que ce qu'ils prêchent, c'est l'esclavage des sens, l'empire de la force, et que tous leurs discours n'aboutissent qu'à une équivoque? Oui, il y a une morale indépendante, si on entend par là qu'il y a des lois morales qui, se rencontrant chez tous les peuples, dans tous les temps, dans tous les pays, sont ainsi indépendantes non pas seulement de telle ou telle école, de tel ou tel système, ce n'est pas le point du débat, mais de telle ou telle doctrine, de telle ou telle discipline religieuse. Il en est, effectivement, sous plusieurs rapports, de ces lois morales, comme des lois de la gravitation, ou des lois de la géométrie. Elles sont chose de fait et tiennent au fonds même de la nature humaine. Mais, qu'on y prenne garde! Entend-on que ces lois morales qui se révèlent à nous ont en nous leur raison d'être; que d'une manière nécessaire elles ne reportent pas l'esprit qui les conçoit à l'idée d'un Dieu moral; que cette idée d'un Dieu moral n'exerce sur l'application de ces lois aucune influence? Non, il n'y a pas de morale indépendante. La morale dépend logiquement d'une religion; et, pratiquement, comment contester que les degrés d'excellence de la morale dépendent des degrés même d'excellence des doctrines ou des disciplines religieuses? Quoi! les lois de la gravitation nous élèvent irrésistiblement à l'idée de celui « qui lança les planètes sur la tangente de leur orbite (1) ; » les lois de la géométrie, à l'idée d'un éternel géomètre (2), et les lois de la morale ne nous élèveraient pas à l'idée d'un Dieu moral! « *Et cœlum et virtus;* » — « Deux choses, écrivait Kant, remplissent l'âme d'une admiration et d'un respect toujours renaissants et qui s'accroissent à mesure que la pensée y revient plus souvent et s'y arrête davantage : *le ciel étoilé au-dessus de nous, la loi morale au-dedans.* Je n'ai pas besoin de les chercher et de les deviner comme si elles étaient enveloppées de nuages ou placées, au delà de mon horizon, dans une région inaccessible; je les vois devant moi et je les rattache immédiatement à la con-

---

(1) J.-J. Rousseau, *Profession de foi du Vicaire Savoyard.*

(2) « *Geometria,* écrivait Képler, *menti divinæ cœterna, quid dico? ipse Deus.* »

science de mon existence (1). » Or, les voir n'est-ce pas voir Dieu, et, par un acte de religion, les rattacher immédiatement à Dieu? D'ailleurs, entre les lois physiques et mathématiques et les lois de la morale ou la loi morale, quelle différence! Le physicien peut calculer les lois de la chute des graves, l'astronome les lois qui assurent l'équilibre des cieux, sans penser actuellement à Dieu, que néanmoins ces lois supposent. Car ces lois s'appliquent à des objets qui les subissent fatalement. Toute autre est la loi morale. Ah! je ne le nie point. La nature humaine, qui, aussi bien, ne saurait se soustraire entièrement à ses lois, s'honore souvent par ses inconséquences; et sans penser actuellement à Dieu ou même en s'efforçant de méconnaître Dieu, il advient que des hommes acceptent librement les prescrip-

---

(1) *Méthodologie de la raison pure pratique*, Conclusion; trad. de M. J. Barni.

lions les plus essentielles ou les plus délicates de la morale. Toutefois, dans cette liberté, et chez les âmes les mieux trempées ou les plus pures, que de défaillances, de manquements, d'évanouissements! Quels tyrans que les passions! Quelle violence que l'habitude, et combien ne nous est-il pas indispensable, afin de contenir notre liberté tour à tour et de la soutenir, de penser à un Dieu qui infailliblement sanctionne le mérite et le démérite! C'est pourquoi Kant ne consentait point à séparer de la conception d'un Dieu qui juge la conception de l'*impératif catégorique* que lui imposait une analyse complète de l'entendement (1).

« La loi morale, comme condition formelle imposée par la raison à l'usage de notre liberté, écrivait le philosophe de Kœnigs-

---

(1) *Critique de la raison pratique. Du Concept du souverain bien*, v. *L'Existence de Dieu comme postulat de la raison pure pratique.*

berg, nous oblige par elle-même, sans dépendre de quelque fin, comme d'une condition matérielle; mais, en même temps, elle détermine *à priori* un but final auquel elle nous oblige de tendre, et ce but final est le souverain bien possible dans le monde par la liberté.

« Mais ces deux conditions du but final qui nous est assigné par la loi morale (le bonheur et la vertu) nous ne pouvons, avec toute raison, nous les représenter réunies, conformément à l'idée de ce but final, par des causes purement naturelles. Le concept de la nécessité pratique de la fin proposée à nos facultés ne s'accorde pas avec le concept théorique de la possibilité physique de la réalisation, si nous ne lions à notre liberté une autre causalité (intermédiaire) que celle de la nature.

« Il faut donc que nous admettions une cause morale du monde (un auteur du monde) pour pouvoir nous proposer un but final, conformément à la loi morale ; et, autant ce but est nécessaire, autant (dans le même degré et pour la même raison) il est nécessaire d'admettre qu'il y a un Dieu...

« Qu'on suppose donc un honnête homme (comme Spinoza par exemple) (1) fermement convaincu qu'il n'y a pas de Dieu, et qu'il n'y a pas non plus de vie future (puisque l'objet de la moralité se trouve enveloppé dans la même conséquence); comment jugera-t-il de la destination intérieure que lui assigne la loi morale, qu'il révère dans ses actions? Il n'attend de l'accomplissement de cette loi aucun avantage ni dans ce monde ni dans un autre; il veut, au contraire, accomplir d'une manière désintéressée le bien que cette sainte loi propose à son activité. Mais son effort est borné; et,

(1) Cette parenthèse, qui est de Kant, a été supprimée dans l'édition de Rosenkranz.

s'il peut trouver çà et là dans la nature un concours accidentel, il n'en peut jamais attendre une concordance régulière et constante (comme sont et doivent être ses maximes intérieures) avec le but qu'il se sent pourtant obligé et entraîné à poursuivre. La fraude, la violence, l'envie ne cessent pas de l'entourer, bien qu'il soit honnête, paisible, bienveillant; et les honnêtes gens qu'il rencontre ont beau mériter d'être heureux, la nature, qui n'a point égard à cette considération, les expose comme les autres animaux de la terre à tous les maux, à la misère, aux maladies, à une mort prématurée, jusqu'à ce qu'un vaste tombeau les engloutisse tous ensemble (honnêtes ou malhonnêtes, n'importe), et les rejette, eux qui pouvaient se croire le but final de la création, dans le gouffre de l'aveugle matière d'où ils étaient sortis. — Ainsi, cet homme de bien devrait abandonner comme absolument impossible ce but qu'il avait et qu'il devait avoir en vue dans l'accomplissement des lois morales; ou, s'il veut rester fidèle à la voix intérieure de sa destinée morale, et ne pas affaiblir le respect que lui inspire immédiatement la loi morale, en tenant pour impossible le but final idéal qu'elle exige hautement (ce qui ne peut manquer de porter quelque atteinte au sentiment moral), il faudra, ce qui est possible, puisqu'il n'y a pas là du moins de contradiction, qu'au point de vue pratique, c'est-à-dire pour se faire un concept au moins de la possibilité du but final qui lui est moralement prescrit, il reconnaisse l'existence d'une cause morale du monde, c'est-à-dire de Dieu (1). »

Je tiens pour excellentes des preuves de

---

(1) *Critique du jugement*; Deuxième partie, *Méthodologie du jugement téléologique*; § 86; *De la preuve morale de l'existence de Dieu*; trad. de M. J. Barni.

l'existence de Dieu, où Kant ne voit qu'un *idéal*, c'est-à-dire un concept vide de la raison pure. Je n'en reconnais pas moins, avec Kant, la valeur de la preuve morale de l'existence de Dieu, et, avec lui, j'estime que la morale qui ne relève pas de l'idée d'un Dieu personne ; que la morale qui, à ce compte, ne dépend point d'une religion, n'est plus qu'une affaire de complexion, ou une suggestion de l'intérêt. Car, si l'idée de Dieu ne la supporte et ne l'autorise, toute idée morale n'est guère qu'une abstraite et frustratoire conception de l'esprit. Or, ces conséquences odieuses, que les défenseurs de la morale indépendante répudieraient certainement, ces conséquences odieuses les soupçonnent-ils ?

Reconnaissons-le. Les générations contemporaines sont animées d'une double passion, de la passion de la liberté et de la passion du progrès. Quels que puissent être les mécomptes de la liberté, elles veulent penser librement, se persuadant non à tort que de la libre pensée résulte tôt ou tard la libre vie. Quelque glorieux que soit le passé, elles ne consentent point à s'immobiliser dans le passé, mais tiennent à honneur et à devoir d'augmenter l'héritage qui leur a été transmis. Et sans contredit, ce sont là de magnanimes instincts et de louables élans.

Quant à moi, je ne laisse à personne le droit de professer un respect plus entier que le mien pour la sincérité des convictions; de priser plus haut que je ne fais la liberté de pensée, ni d'éprouver plus de reconnaissance que je n'en ressens envers tous ceux qui ont redressé ou affranchi, mais non pas faussé ou dévoyé la conscience humaine. Ni les périls de cette liberté, ni l'ambitieuse intolérance qui s'abrite trop souvent sous son nom chez les fauteurs les plus déclarés de la tolérance, ne peuvent me porter à méconnaître ou à répudier ses bienfaits : car, cette liberté, c'est l'âme même. Et de notre temps, après des vicissitudes, dont, à coup sûr, il n'y a pas lieu de craindre le retour, cette liberté, dans l'ordre de la spéculation ou dans le domaine de la conscience, n'est-elle pas absolue ? S'ensuit-il néanmoins que cette liberté doive être effrénée, et afin de repousser ou de prévenir toute contrainte, faut-il décliner toute autorité ? En d'autres termes, la liberté de pensée ne doit-elle pas trouver, je ne dirai point (Spinoza lui-même repoussait cette énormité), je ne dirai point dans le pouvoir civil, qui règle la police, mais qui ne saurait commander les croyances, lesquelles, aussi bien, ne se commandent pas ; je ne dirai pas davantage dans un pouvoir ecclésiastique, puisque nous sommes sur le terrain de la pure raison ; mais, du moins, dans la nature des choses, avec ses limites, d'inviolables lois? Considérez les sciences physiques. La destinée de Roger Bacon, le sort de Galilée, par exemple, attestent assez qu'elles ont eu aussi leur période de servitude. Cependant, pour être, grâce au ciel, depuis des années, en pleine possession d'elles-mêmes, ces sciences, dans leur libre recherche et leurs hypothèses les plus téméraires, n'ont point cessé de s'appuyer sur la base solide des faits; et cet attachement à la réalité a été la condition même de leurs conquêtes. Combien de fois, au contraire, n'est-il pas arrivé que la liberté de pensée en philosophie ne s'est traduite, soyons net, que par la liberté de la déraison? On a défiguré l'homme, au lieu de le prendre tel qu'il est; à l'observation sérieuse de la vie on a substitué je ne sais quelles rêveries confuses, malsaines, inapplicables; en faisant de toute métaphysique un jeu laborieusement frivole de l'esprit, on a décrié, s'il pouvait l'être, l'usage le plus relevé de la raison. Une liberté sans règle a fini par devenir une liberté sans objet, et la plupart des hommes, et qui pensent, se sont détournés avec dédain, parfois même avec mépris, d'une prétendue science de la nature humaine, qui n'offrait rien de commun avec la nature humaine.

D'autre part, qui n'applaudirait à la passion du progrès? ou le moyen de ne pas croire à la vérité, à la sainteté du progrès? Il en est manifestement de l'humanité, comme des individus. S'améliorer par l'éducation, qu'elle se donne à elle-même, voilà la fin dernière de son existence, et l'histoire témoigne que, nonobstant les temps d'arrêts ou même les catastrophes, tel est effectivement le but vers lequel elle avance. Si le progrès n'est pas continu, le progrès est constant. Mais d'autre part, comment ne point dégager des interprétations qui en pervertissent le sens, ce mot sonore de progrès, lequel, à notre époque, est presque devenu un mot de ralliement? Peut-on se flatter notamment d'accomplir quelque progrès, de servir en quoi que ce soit les intérêts du présent ou la cause de l'avenir, si on se borne à ressusciter par des sophismes ingénieux et des habiletés de langage, des aberrations cent fois réfutées? Considérez de nouveau les sciences physiques. En quoi consistent leurs incontestables progrès? N'est-ce pas à accroître sans cesse le nombre de ces inventions ou de ces découvertes, qui apparaissent d'abord comme autant de paradoxes jetés en défi à l'habitude et à l'opinion, mais qui bientôt s'imposent aux plus rebelles ou aux plus pusillanimes par leur certitude irréfragable et l'efficacité merveilleuse de leurs résultats? Ces découvertes et ces inventions, toujours continuées, ont changé la face du monde. Et certes, il n'y aurait ni assez de pitié, ni assez de risée pour quiconque tenterait aujourd'hui de ramener les astronomes au système de Ptolémée, ou les chimistes aux théories de Van Helmont. Il n'en va pas de même en philosophie. Sans doute, en dépit des contradictions ou des excès, et précisément parce que le progrès est la loi de l'esprit humain, la succession des doctrines enfante une doctrine qui progresse; et, à travers le limon des âges, se déroule, suivant la belle remarque de Leibniz, un courant perpétuel et pur de philosophie, « *perennis quædam philosophia* (1) ». Mais que d'ennuyeuses et fâcheuses restaurations d'un passé qui aurait dû ne plus être qu'un instructif souvenir ! Que de vieilles erreurs, saluées comme autant d'intronisations de la vérité ! Que d'in-

(1) Dutens, t. v, p. 13 ; Lettre III, à M. Remond de Montmort, 1714.

sipides plagiats, qualifiés de vues neuves et originales! Que de brocards élevés à la hauteur de principes! Phénomène étrange! Ce sont ceux-là mêmes qui préconisent le plus le progrès, qui tendent à discréditer le progrès : car ils font du progrès un tournoiement ou un recul.

Cependant, si la véritable liberté de pensée n'est pas la liberté de l'extravagance, mais le libre exercice d'une intelligence, qui ne déroge point à ses propres lois, qui jamais n'oublie la nature des choses ni ne la travestit; si le véritable progrès n'est point une course impétueuse et désordonnée de l'esprit, un fol ébat où les forces les plus vigoureuses s'exténuent sans qu'on avance, ni moins encore une marche rétrograde; quels exemples, quels enseignements, quelles idées emprunter à Spinoza?

Toutes les doctrines de Spinoza philosophe se rapportent à un triple objet : la politique, la religion, la morale.

En politique, si je m'arrête aux affirmations qu'énonce Spinoza, soit qu'il professe que les hommes doivent être conduits par la raison, et qu'ainsi la fin des gouvernements n'est point la servitude, mais la liberté de réaliser le meilleur (1); soit qu'il s'applique à démontrer : 1° qu'il est impossible d'ôter aux hommes la liberté de dire ce qu'ils pensent; 2° que cette liberté peut être accordée à chacun sans compromission pour le droit et l'autorité des puissances

---

(1) Bruder, t. II, p. 73, *Tractatus politici* cap. v. *De optimo imperii statu*. « Quum ergo dicimus illud imperium optimum esse, ubi homines concorditer vitam transigunt, vitam humanam intelligo, quæ non sola sanguinis circulatione et aliis, quæ omnibus animalibus sunt communia, sed quæ maxime ratione, vera mentis virtute et vita definitur. » Cf., *id.*, t. I, p. 268, *Ethices* pars II, PROPOS. XLIX, *Schol.* « Confert etiam hæc doctrina non parum ad communem societatem, quatenus docet qua ratione cives gubernandi sint et ducendi, nempe non ut serviant, sed ut libere ea quæ optima sunt agant. »

souveraines, et que chacun aussi peut l'exercer en respectant ce même droit, pourvu qu'il ne prenne point de là occasion d'innover au détriment de la république ou d'agir contre les lois reçues ; 3° que chacun peut jouir de cette même liberté sans danger pour la paix de la république, et que de cette même liberté ne peut naître aucun inconvénient qu'il ne soit facile de réprimer ; 4° que chacun peut jouir de cette même liberté sans détriment même pour la piété ; 5° que les lois, que l'on établit relativement aux choses de pure spéculation, sont parfaitement inutiles ; 6° enfin que cette liberté non-seulement peut être accordée sans dommage pour la paix de la république, pour la piété et le droit des puissances souveraines, mais que leur conservation même exige qu'on l'accorde (1);

---

(1) Bruder, t. III, p. 270, *Tractatus theologico-politici* cap. xx. « His ostendimus, I. impossibile esse, liber-

lorsque j'entends Spinoza tenir ce langage, je commence par y applaudir; j'appelle avec lui de mes vœux, partout où elles n'existent pas, l'avénement de la liberté de conscience et l'avénement de la liberté dans l'État; j'adhère de toutes les forces de mon

tatem hominibus dicendi ea, quæ sentiunt, adimere; II. hanc libertatem, salvo jure et auctoritate summarum potestatum, recte unicuique concedi, et eamdem unumquemque servare posse, salvo eodem jure, si nullam inde licentiam sumat ad aliquid in rempublicam tanquam jus introducendum, vel aliquid contra receptas leges agendum; III. hanc eamdem libertatem unumquemque habere posse servata reipublicæ pace, et nulla ex eadem incommoda oriri, quæ facile coerceri non possint; IV. eamdem, salva etiam pietate, unumquemque habere posse; V. leges, quæ de rebus speculativis condantur, inutiles omnino esse. Denique ostendimus hanc libertatem, non tantum servata reipublicæ pace, pietate et summarum potestatum jure, posse, sed ad hæc omnia conservandum etiam debere concedi. Nam ubi ex adverso eamdem hominibus adimere laboratur, et discrepantium opiniones, non autem animi, qui soli peccare possunt, in judicium vocantur, ibi inhonestos exempla eduntur, quæ potius martyria videntur, quæque reliquos magis irritant et ad misericordiam, si non ad vindictam plus movent, quam terrent... »

âme à ces conclusions. Mais bientôt je m'inquiète, à considérer quels en sont les corollaires et quelles en sont les prémisses, ou plutôt je me sépare de Spinoza absolument. N'est-ce pas en effet, dans un État, une liberté décevante ou du moins très-insuffisante, quoique excellente en soi et primordiale, que celle qui ne saurait dépasser le for intérieur? Les citoyens sont-ils donc de purs spéculatifs? Et n'est-ce point aliéner irrévocablement tous leurs droits, décapiter des hommes, comme eussent dit les jurisconsultes romains, que d'établir au-dessus d'eux une autorité qui n'ait d'autre limite (que l'on pèse ce mot!), qui n'ait d'autre limite que sa puissance? Tout au plus, le citoyen qu'imagine Spinoza devient-il alors un nouvel Épictète; Épictète, esclave sublime, mais esclave enfin. Or, sous quelque forme que l'esclavage se présente, l'esclavage n'est-il pas exécrable? C'est pourquoi, j'oublie même tout ce qu'il y a d'ailleurs d'arbitraire, de systématique à la fois et d'incohérent dans l'idéal politique de Spinoza. Au nom seul de la dignité humaine, votre république, Spinoza, votre république me fait honte!

En religion, j'admire d'abord en quels termes convaincus, avec quelle émotion solennelle, dont de rigides formules ne parviennent point à étouffer la vivacité, Spinoza parle de Dieu et de l'amour de Dieu. Que Dieu soit le tout de l'homme; qu'il soit le lien le plus sûr des sociétés comme il est le bien suprême des individus; qu'en Dieu seul nous trouvions la paix, la joie et le salut, c'est là comme le pieux et perpétuel cantique qui s'échappe, qui déborde de ses lèvres (1). Vous croiriez reconnaître la voix

(1) Bruder, t. I, p. 268, *Ethices* pars II, PROPOS. XLIX, *Schol.* « Confert hæc doctrina nempe quatenus docet nos ex solo Dei nutu agere, divinæque naturæ **esse parti-**

des docteurs, des mystiques, des ascètes chrétiens. Mais que l'illusion est courte, et quelle déception amère succède à un enchantement passager ! Qu'est-ce, en effet, que ce Dieu qu'il nous faut servir, mais surtout qu'il nous faut aimer d'un pur amour ? Ce Dieu, c'est le Tout, c'est la Nature; et la Nature, c'est un seul individu, dont les

---

cipes, et eo magis quo perfectiores actiones agimus et quo magis magisque Deum intelligimus. Hæc ergo doctrina præterquam quod animum omnino quietum reddit, hoc etiam habet, quod nos docet, in quo nostra summa felicitas sive beatitudo consistit, nempe in sola Dei cognitione, ex qua ad ea tantum agenda inducimur, quæ amor et pietas suadent. Unde clare intelligimus, quantum illi a vera virtutis æstimatione aberrant, qui pro virtute et optimis actionibus, tanquam pro summa servitute, summis præmiis a Deo decorari exspectant, quasi ipsa virtus Deique servitus non esset ipsa felicitas et summa libertas. » Cf. *id.*, p. 354, *Ethices* pars IV, PROPOS. XXXVI. « Summum bonum eorum, qui virtutem sectantur, est Deum cognoscere. » PROPOS. XXVII. *Bonum, quod unusquisque, qui sectatur virtutem sibi appetit, reliquis hominibus etiam cupiet, et eo magis, quo majorem Dei habuerit cognitionem.*

parties, c'est-à-dire tous les corps, varient en une infinité de manières sans que l'individu dans sa totalité éprouve aucun changement (1). Je le déclare, ce Dieu, qui n'est que l'enchaînement universel, où incessamment et aveuglément tout est effet en même temps que tout est cause (2), ce Dieu n'est pas; ou s'il est, votre Dieu, Spinoza, votre Dieu me fait horreur!

En morale, ce n'est pas sans un profond respect ni sans une espèce de ravissement, que d'un premier regard je contemple ce portrait du sage, qui pratique la vertu pour la vertu même; qui attend et supporte

---

(1) Bruder, t. I, p. 228, *Ethices* pars II, PROPOS. XIII, *Lemma* VII, *Schol.* « Si sic porro in infinitum pergamus, facile concipiemus, totam naturam unum esse individuum, cujus partes, hoc est omnia corpora, infinitis modis variant absque ulla totius individui mutatione. »

(2) *Id.*, *ibid.*, p. 234, *Ethices* pars II, PROPOS. XIII, *Lemma* I. *Corpora ratione motus et quietis, celeritatis et tarditatis, et non ratione substantiæ ab invicem distinguuntur.*

d'une humeur égale l'une et l'autre fortune ; qui vit content de son sort et se montre toujours secourable au prochain, non point par pitié féminine, partialité ou superstition, mais sous la dictée de la raison seule, selon que le demandent les circonstances (1). Cet homme me semble vraiment l'homme libre, qui se possède de la sorte ; cet homme me paraît vraiment l'homme fort, qui n'a de haine pour personne, qui ne s'irrite

(1) Bruder, t. I, p. 268, *Ethices* pars II, PROPOS. XLIX, *Schol.* « Confert hæc doctrina quatenus docet, quomodo circa res fortunæ, sive quæ in nostra potestate non sunt, hoc est circa res quæ ex nostra natura non sequuntur, nos gerere debeamus; nempe utramque fortunæ faciem æquo animo exspectare et ferre ; nimirum quia omnia ab æterno Dei decreto eadem necessitate sequuntur, ac ex essentia trianguli sequitur, quod tres ejus anguli sunt æquales duobus rectis. Confert hæc doctrina ad vitam socialem, quatenus docet neminem odio habere, contemnere, irridere, nemini irasci, invidere. Præterea quatenus docet, ut unusquisque suis sit contentus et proximo in auxilium; non ex muliebri misericordia, partialitate, neque superstitione, sed ex solo rationis ductu, prout scilicet tempus et res postulat. »

contre personne, qui n'envie personne, qui ne s'indigne contre personne, qui ne méprise personne, qui n'est superbe envers personne (1). Mais que je tarde peu à revenir de mon extase ! Car ce sage agit-il, aime-t-il, espère-t-il ? Non, il n'agit pas, on dirait mieux qu'il est agi. Destitué de spontanéité, incapable d'enthousiasme, étranger au dévouement, à l'héroïsme, au sacrifice, tous les rapports qu'il soutient se réduisent à des rapports géométriques. Non, il n'aime pas ; son cœur n'est point seulement réglé, mais glacé par sa raison ; esprit pur, il ignore dans son égoïsme transcendant, dans sa pensée solitaire, les transports enflammés de l'amour, les saintes émotions de l'amitié, aussi bien que les poignantes étreintes d'une

---

(1) Bruder, t. I, p. 381, *Ethices* pars IV, Propos. LXXIII, *Schol.* « Vir fortis neminem odio habeat, nemini irascatur, invideat, indignetur, neminem despiciat, minimeque superbiat. »

douleur qui transforme l'âme, parce qu'elle la purifie. Non, il n'espère pas; le passé et l'avenir se confondent à ses yeux dans un éternel présent; l'espérance chez lui est remplacée par une résignation stupide à l'irrésistible mouvement d'une accablante nature. Votre sage, Spinoza, votre sage me fait pitié !

C'est ainsi qu'offusqué en quelque manière par l'idée de Dieu, par l'idée de l'être que l'esprit conçoit effectivement comme Celui qui est, par l'idée de l'être absolument infini, et sans lequel rien ne saurait être ni être conçu (1), Spinoza a de tout point, altérant du même coup l'idée de Dieu, méconnu l'idée de l'homme. Assurément, l'homme n'est qu'ombre et poussière; assurément

---

(1) Bruder, t. I, p. 349, *Ethices* pars IV, Propos. XXVIII, Demonstr. « Summum, quod mens intelligere potest, Deus est, hoc est ens absolute infinitum, et sine quo nihil esse neque concipi potest. »

l'homme passe comme en image, suivant la mélancolique parole des Écritures, *in imagine pertransit homo*. Cette beauté se flétrit, cette grâce s'évapore, cette vigueur s'affaisse, le charme de cette voix se dissipe, l'éclair transperçant de ces yeux s'évanouit. Et en même temps que s'éteignent dans le corps tous ces divins rayons, tombent aussi, après les ardeurs de la jeunesse, les feux de l'âge mûr; la mémoire s'oblitère, la sensibilité s'émousse, la volonté se débilite, et ce génie inventif, éloquent, audacieux, qui pénétrait, enchantait, ébranlait, n'est bientôt plus que le tâtonnement imbécile d'une pensée qui se cherche elle-même. Vous diriez qu'un peintre invisible se joue à tracer sur un fond qui ne change pas de mobiles figures, dont les linéaments peu à peu s'agencent, prennent corps, s'animent des plus vives, des plus brillantes couleurs, et qui ensuite se ternissent insensiblement, s'effacent comme par degrés, laissent enfin vide et nu l'espace qu'elles avaient un instant occupé. Et pourtant, il n'en est pas ainsi. La conscience nous crie que nous sommes; la conscience nous crie que nous sommes libres; la conscience nous crie que nous sommes faits pour le bonheur par la vertu. Que l'homme ne soit point destiné à jouir de la beauté vers laquelle il aspire par son amour, à se rassasier de la vérité qu'il poursuit par son intelligence, à posséder le bien qu'il s'efforce d'obtenir par son activité; et de tous les êtres je n'en connais pas de plus misérable.

Je me résume. Libre penseur, il n'y a pas de contradiction à laquelle Spinoza ne se soit heurté; il n'y a guère d'égarement où il ne se soit complu. La conscience? Il la nie, puisqu'il nie la personnalité. La liberté? A tous les degrés il la nie et la traite de rêverie. Le droit? Il le nie et le confond avec la puissance. Le bien? Il le nie et le ramène à l'utile. Le progrès? Il le nie et y substitue un absurde va-et-vient. Le mérite? Il le nie et le répudie comme une bassesse. La beauté? Il la nie et n'y voit qu'un rapport arbitraire, l'expression d'une disposition du cerveau. L'immortalité? Il la nie, par cela seul qu'il conteste toute permanence accompagnée de conscience et de souvenir. La providence? Il la nie et n'admet qu'une nécessité mathématique. Son système n'est qu'une négation suivie et mal suivie. Car c'est en vain qu'il a voulu tout ramener à l'unité ; le dualisme a reparu dans sa doctrine, le dualisme du monde et de Dieu, la dualité des corps et des esprits. Sa pensée n'est, en définitive, qu'une déroute de la pensée. — Novateur, il ne reste, en somme, qu'un apôtre de décadence, et héraut de l'ère moderne, il ne fait que raviver les plus creuses conceptions de l'antiquité. Sous ce titre très-judicieux :

du Spinozisme avant Spinoza, de Spinozismo ante Spinozam, Buddeus, l'auteur d'un *Traité de l'Athéisme et de la Superstition* (1), composait, au siècle dernier, une savante dissertation (2). Combien, en un pareil sujet, n'eût-il pas été facile à cet estimable érudit de rédiger, au lieu d'une simple dissertation, tout un ouvrage!

Par conséquent, constatons, j'y consens, la puissance du génie de Spinoza, quoique les objets, comme en un miroir difforme, s'y réfléchissent renversés. Honorons, et je suis le premier à lui rendre un semblable hommage, honorons la mémoire de ce méditatif, qui, chose rare, chose très-rare! fut un homme. Enfin, laissons-nous aller, je l'accorde, à la sympathie pour cette destinée touchante, contrariée d'abord par les

---

(1) *Traité de l'Athéisme et de la Superstition*, traduit en français, par Louis Philon. Amsterdam, 1740, in-8.

(2) Cf. *Traité de l'Athéisme*, etc., p. 6 et 97, *notes*.

mécomptes et battue par les orages, puis consolée par l'étude et abritée par le silence ; mélange extraordinaire de passion et de circonspection ; humble et illustre, détachée et superbe. Mais, en réservant à Spinoza la place qui lui appartient dans l'histoire, reléguons le Spinozisme parmi les lointaines et capitales erreurs des siècles écoulés. En philosophie aussi bien qu'en tout le reste, la France n'a qu'à se souvenir d'elle-même. Qu'elle renonce décidément aux traditions allemandes de Spinoza, pour reprendre et ne plus abandonner les traditions toutes françaises de Descartes. Ou si elle éprouve le besoin d'emprunter à d'autres peuples des modèles, qu'au génie poétique de Descartes elle associe le génie pratique d'un Franklin.

FIN

TABLE DES MATIÈRES

	Pages.
Préface.	I
I	1
II	17
III	67
IV	101
V	127
VI	167
VII	219
VIII	243

www.ingramcontent.com/pod-product-compliance
Lightning Source LLC
Chambersburg PA
CBHW071241160426
43196CB00009B/1147